N. M. SOMOV

chast' 1

BIBLIOGRAFIYA RUSSKOY OBSHCHESTVENNOSTI

Moscow, 1927

**

chast' 2

BIBLIOGRAFIYA RUSSKOY OBSHCHESTVENNOSTI

(K VOPROSU OB INTELLIGENTSII)

Moscow, 1931

**

Oriental Research
Partners
Newtonville,Ma.
1977

ISBN 0-89250-090-5

For a brochure listing our entire Memoir Series, please write to The Editor, Professor Marc Raeff, *The Memoir Series*, Oriental Research Partners, Box 158, Newtonville, Mass. 02160.

Н. М. СОМОВ

БИБЛИОГРАФИЯ
РУССКОЙ ОБШЕСТВЕННОСТИ

ИЗДАНИЕ АВТОРА

Настоящее издание отпечатано в количестве одной тысячи экземпляров в 13-й типографии «Мосполиграф» Технический организатор издания

Михаил Чуванов

ПРЕДИСЛОВИЕ

Для философского, социологического и исторического изучения интеллигенции необходима библиография предмета, ибо всякий работающий на поприще того или другого вопроса должен быть знаком с тем, что было сделано до него в области интересующей его проблемы.

Приступая, в виду отсутствия подобной библиографии, к изданию нашего указателя, мы далеки от мысли дать нечто более или менее совершенное в этом роде. И мы надеемся, что наша несовершенная, в смысле полноты и точности, попытка встретит у более компетентных лиц, в свою очередь, желание притти на помощь изучающим вопрос об интеллигенции.

Принимая во внимание громадное значение, которое, вледствие политических условий русской жизни, выпало на долю литературы в ходе развития русской общественности, мы привели в указателе отчасти беллетристические и литературно-критические сочинения. Кроме того, нами приведены публицистические, историко-философские и социологические труды, освещающие данный вопрос под углом того или иного миросозерцания, главным образом, с точки зрения идеалистического или материалистического (т.-е. марксистского) понимания истории. Ибо в этих различных работах можно достаточно детально проследить за всеми этапами развития русской общественности.

Приведенная литература, помимо своего специального назначения, имеет и общий интерес.

В заключение выражаем благодарность Валентине Михайловне Сомовой за помощь в работе по составлению указателя.

ОГЛАВЛЕНИЕ

ПРИНЯТЫЕ СОКРАЩЕНИЯ

Анналы. А.
Атеней.
Беседа. Бес.
Беседа. Берлин. Бд.
Большевик.
Борьба Классов.
Былое. Б.
Бюллетени Литературы и Жизни. Б. Л. и Ж.
Вера и Разум. В. и Р.
Верная Мысль. В. М.
Вестник Воспитания. В. В.
Вестник Всемирной Истории. В. В. И.
Вестник Европы. В. Е.
Вестник Знания. В. З.
Вестник Литературы. В. Л.
Вестник Народного Комиссариата Иностранных Дел. В. Н. К. И. Д.
Вестник Народной Воли. Женева. В. Н. В.
Вестник Просвещения. В. П.
Вестник Работников Искусств.В.Р.И.
Вестник Социалистической Академии. В. С. А.
Вестник Труда. В. Т.
Весы.
Вечерние Известия. В. И.
Вечерние Известия М. С. Р. и К. Д. В. И. М. С.
Возрождение. В.
Воля России. Прага. В. Р.
Вопросы Философии и Психологии. В. Ф. и П.
Вперед. Женева. Вп.
Всемирный Труд. В. Тр.
Голос Минувшего. Г. М.
Голос Минувшего. Париж. Г. М. Париж.
Голос Москвы. Гол. М.
Голос России. Берлин. Гол. Р.
Гудок. Г.
Дела и Дни. Д. и Д.
Дело.
Дело Жизни. Д. Ж.
Дни. Берлин. Д.
Домашняя Библиотека. Д. Б.
Духовная Беседа. Д. Бес.
Единство. Е.
Ежемесячный Журнал. Е. Ж.
Жизнь. Ж.
Журнал для Всех. Ж. д. В.
Журнал Министерства Народного Просвещения. Ж. М. Н. П.

Журналист.
Заветы. З.
Задачи Жизни. З. Ж.
Записки Коммунистического Университета имени Свердлова. З. К. У. и. С.
Записки Мечтателей. З. М.
Записки Научного Общества Марксистов. З. Н. О. М.
Запросы Жизни. З. Ж.
Заря.
Заря. Берлин. Зр.
Заря. Штутгарт. Зар.
Звезда.
Земское Дело. З. Д.
Знамя. Берлин. Зн.
Знамя Рабфаковца. З. Р.
Знание.
Известия В. Ц. И. К. Советов. II.
Известия Отделения Русского Языка и Словесности Императорской Академии Наук. Изв.
Известия Петроградского Совета Р. и К. Д.
Искра. Мюнхен, Лейпциг, Лондон и Женева. Ис.
Исторический Вестник. И. В.
Казанский Библиофил. К. Б.
Каторга и Ссылка.
Киевские Университетские Известия. К. У. И.
Клич. К.
Книга и Революция. К. и Р.
Книжки Недели. Кн. Н.
Книжный Угол.
Коммунистическая Революция. К. Р.
Коммунистический Интернационал. К. И.
Коммунистический Труд. К. Т.
Красная Газета.
Красная Летопись. К. Л.
Красная Новь. К. Н.
Красные Огни К. О.
Красный Архив К. А.
Крестьянская Россия. Прага. Кр. Р.
Культура и Жизнь. К. и Ж.
Ленинградская Правда. Л. П.
Летопись. Л.
Летопись Дома Литераторов. Л. Д. Л.
Летопись Революции. Берлин. Л. Р.
Литературные Записки. Л. З.
Литературный Вестник. Л. В.
Маховик.

Минувшие Годы. М. Г.
Мир Божий. М. Б.
Молодая Гвардия. М. Гв.
Московские Ведомости. М. В.
Московский Еженедельник. М. Е.
Мысль. М.
Наблюдатель. Наб.
Накануне. Берлин. Н.
Народное Просвещение. Н. П.
На Посту.
Наука на Украине. Н. У.
Научное Обозрение. Н. О.
Научное Слово. Н. С.
Научно - Исторический Журнал.
 Н. И. Ж.
Начала.
Начало. Нач.
Наш Путь.
Наша Заря. Н. З.
Неделя.
Нива.
Новая Жизнь. Н. Ж.
Новая Россия. Нов. Р.
Новая Россия. София. Н. Р.
Повое Время. Н. В.
Новое Время. Белград. Нов. В.
Новое Обозрение. Нов. О.
Новое Слово. Нов. С.
Новый Мир. Нов. М.
Новый Мир. Берлин. Н. М.
Новый Путь.
Новый Путь. Рига. Нов. П.
Объединение.
Образование. О.
Общее Дело.
Общее Дело. Париж. Об. Д.
Освобождение. Штутгарт. Осв.
Отечественные Записки. О. З.
Печать и Революция. П. и Р.
Под Знаменем Марксизма. П. З. М.
Понедельник.
Последние Новости. Париж. П. Н.
Правда. П.
Природа и Жизнь. П. и Ж.
Прожектор.
Пролетарская Революция. П. Р.
Пролетарское Студенчество. П. С.
Пролетарское Студенчество. Берлин.
 П. Ст.
Просвещение. Пр.
Пути Коммунистического Просве-
 щения. П. К. П.
Путь. Гельсингфорс. Пт.
Путь Просвещения. П. П.

Рабочая Москва. Раб. М.
Рабочий Мир. Р. Мир.
Революционная Россия. Париж. Р. Р.
Революционное Творчество.
Речь.
Родная Земля. Нью-Йорк. Р. З.
Россия.
Руль. Берлин. Р.
Русская Воля.
Русская Газета. Париж. Р. Г.
Русская Мысль. Рус. М.
Русская Мысль. Прага. Р. М.
Русская Речь. Рус. Р.
Русская Старина. Р. С.
Русская Школа. Р. Ш.
Русские Записки. Р. З.
Русский Архив. Р. А.
Русский Библиофил. Р. Биб.
Русский Вестник. Р. В.
Русский Современник.
Русское Богатство. Р. Б.
Русское Обозрение. Р. О.
Русское Слово. Рус. С.
Санктпетербургские Ведомости. С. Вед.
Северная Рабочая Газета. С. Р. Г.
Северные Записки. Сев. З.
Северный Вестник. С. В.
Сибирские Огни. С. Ог.
Слово. Газета.
Слово. С. Журнал.
Смена Вех. Париж. См. В.
Современник. Сов.
Современное Обозрение. С. О.
Современность.
Современные Записки. С.-Петербург.
Современные Записки. Париж. С. З.
Современный Мир. С. М.
Социалистический Вестник. Берлин.
 Соц. В.
Социальдемократ. Париж. Соц.
Спутник Коммуниста. С. К.
Студент.
Студенческие Годы. Прага. С. Г.
Студия.
Творчество. Т.
Темы Жизни. Т. Ж.
Труд. Тр.
Труженик.
Украинская Жизнь. У. Ж.
Устои. У.
Чтения Исторического Общества
 Нестора-Летописца. Ч.
Экономист.
Эпоха. Э.

Л. Ленинград.
М. Москва.
П. Петроград.
Спб. С.-Петербург.

I. ФИЛОСОФИЯ И СОЦИОЛОГИЯ ВОПРОСА

А. П. Умственное развитие русского общества. В. Е. 1870. 1.

Агафонов, В. Наука и жизнь. Спб. 1906.

Адлер, Макс. Социализм и интеллигенция.

Адоратский, В. Об идеологии. П. З. М. 1922. 11—12.

Алексеев, М. П. Материалы к Тургеневской библиографии. (1918—1919 г.). См. «Тургенев и его время». Первый сборник под ред. Н. Л. Бродского. М. 1923.

Амичис, Э. Под знаменем социализма. Спб. 1906.

Андреев. Раскол и его значение в народной русской жизни.

Андреевич. Опыт философии русской литературы. М. 1922.

Анненков, П. В. Значение художественных произведений для общества. Р. В. 1856. 2.

Арнольди, Э. Библиографический указатель художественной литературы на социальные темы. Л. 1926.

Архив К. Маркса и Ф. Энгельса. Книга первая. М. 1924, стр. 191—256.

Астафьев, П. Национальное самосознание и общечеловеческие задачи. Р. О. 1890. 2.

Ашукин, Николай. Александр Блок. Синхронистические таблицы жизни и творчества. 1880—1921. Библиография 1903—1923. М. 1923.

Б. А. Генезис общественности. Знание. 1876. 9. 10.

Б-ич. Ортодоксальный марксизм и православие. М. 1907.

Барбюс, А. «С ножом в зубах». (К интеллигенции). П. 1922.

— Свет из бездны. Харьков. 1923.

Барт, Н. Философия истории, как социология. СПБ. 1902.

Бебель, А. Академики и социализм.

— Интеллигенция и социализм. П. 1919.

Беджгот, В. Естествознание и политика. Спб. 1874.

Бельтов, Н. К вопросу о развитии монистического взгляда на историю. Спб. 1906.

— К вопросу о роли личности в истории. См. его «За двадцать лет». Спб. 1906.

Беляев. Служилые люди в Московском Государстве.

Беранже. Интеллигентный пролетариат во Франции. Спб. 1902.

Берг, Л. Сверхчеловек в современной литературе. Глава из истории умственного развития XIX века. М. 1904.

Бердяев, Н. Субъективизм и индивидуализм в общественной философии. Спб. 1901.

— Философия неравенства. Письма к недругам по социальной философии. Берлин. 1923.

Берлин, П. А. Очерки по истории немецкой интеллигенции. О. 1905. 4.

— Русская буржуазия в старое и новое время. М. 1925.

Библиография марксизма. См. Н. Ленин (В. Ульянов). Т. XX, ч. I, стр. 496 — 505. М.—Л. 1926.

Библиография периодики. М. 1923. Выпуск 1: «Научное Обозрение» (1897—1903 гг.). Выпуск II: Исторические журналы за 1922 г. Выпуск III: «Былое» (1917— 1922). Выпуск IV: «Былое» и «Минувшие Годы» (1906—1908 гг.).

Библиография по истории русской общественной мысли. См. Иванов-Разумник. История русской общественной мысли. Т. VIII. Стр. 20—52. П. 1918.

Боборыкин, П. Д. Русская интеллигенция. Рус. М. 1904. 12. (Автор этой статьи впервые, в 1866 г., пустил в обращение в русский литературный язык слова: и н т е л л и г е н ц и я, и н т е л л и г е н т н ы й и и н т е л л и г е н т. Словарь Брокгауза подтверждает это, хотя Иванов-Разумник приписывает Герцену 50-х годов).

Богданов, А. А. Из психологии общества. 1905. См. ст. «Авторитарное мышление».

— Наука об общественном сознании. М. 1918.

Богословский, М. М. Русское общество и наука при Петре Великом. Л. 1926.

Бокль, Г. История цивилизации в Англии. Спб. 1863 и 1897.

8

Боровой, А. Личность и общество в анархистском мировоззрении. П.—М. 1920.
— Общественные идеалы современного человечества. М. 1906.
— Революционное миросозерцание. М. 1907.
Бубликов, М. Борьба за существование и общественность. Л. 1926.
Булгаков, С. Два града. Исследования о природе общественных идеалов. М. 1911.
— От марксизма к идеализму. Спб. 1903.
Булгакова, Л. В. Материалы для библиографии Ленина. 1917—1923. Л. 1924.
Бухарин, Н. Енчмениада. (К вопросу об идеологическом вырождении). М. 1923.
— Ленинизм и строительный период пролетарской революции. П. 1927. 17.
— Международная буржуазия и Карл Каутский ее апостол. (Ответ К. Каутскому). М. 1925.
— Теория исторического материализма. М. 1923.
Быстрянский, В. Систематический указатель к сочинениям В. И. Ленина. Л. 1924.
В. В. Социально-культурные силы русского общества. См. его «Наши направления». Спб. 1892.
Ваганян, В. Опыт библиографии Г. В. Плеханова. С пред. Д. Рязанова. М. 1923.
— По боевым вопросам марксизма. М.—Л. 1926.
Вардин, Ил. В. И. Ленин «о диктатуре вождей». Раб. М. 1924. 5. См. еще «Что делать» (1902) и «Детская болезнь «левизны» в коммунизме» (1920) В. И. Ленина.
Ватсон, Э. Этюды и очерки по общественным вопросам. Спб. 1892.
Введенский, Арс. Общественное самосознание в русской литературе. Спб. 1909.
Вейдемюллер, К. Что такое воля и цель личности? О. 1908. 4. 5.
Венгеров, С. А. Героический характер русской литературы. П. 1919.
Виппер, Р. Соль земли. См. его «Гибель европейской культуры». М. 1918.
Владиславлев, И. В. Русские писатели. М.—Л. 1924.
Вознесенский, С. Программа чтения по русской истории. П. 1923.
— Экономическое развитие и классовая борьба в России XIX и XX вв. П. 1924.
Волин, Бор. В. В. Воровский — литературный критик. На Посту. 1923. 2—3.
Вольский, А. Ч. Умственный рабочий. Спб. 1906.
Вольский, Ст. А. Философия борьбы. М. 1909.
Вольфсон, М. Б. Очерки обществоведения. М. 1922.
Вольфсон, С. Я. Плеханов. Минск. 1924. См. главу 9-ую и «Литературу о Плеханове».
Воровский, В. В. Русская интеллигенция и русская литература. Харьков. 1923.
Выдрин, Р. Национальный вопрос в русском освободительном движении. Г. М. 1915. 1—2.
Гальтон, Ф. Наследственность таланта. Спб. 1875.
Гарнак, Ад. Раса, культурная традиция и личность. М. Е. 1908. 5.
Гед, Ж. Общественные службы и социализм. Спб. 1906.
Георгиевский, П. И. Политическая экономия. Спб. 1893, стр. 109—118.
Герцен, А Движение общественной мысли в России. М. 1907
Гершензон, М. Исторические записки. (О русском обществе). М. 1910.
Гиддингс, Ф. Основания социологии. Спб. 1899.
Гизо, Ф. История цивилизации в Европе. 1892.
— История цивилизации во Франции. 1877—1880.
Говоров, А К вопросу об якобинской идеологии. См. сборники «Воинствующий материалист». Книга пятая. М. 1925.
Гойхбарг, А. Г. В. И. Ленин о государстве. М. — Л. 1925.
Головин, К. Вне партий. Спб. 1905.
Гоникман, С. Против философского ликвидаторства. П. 1924. 8.
Горбачев, Георгий. Капитализм и русская литература. Л. 1925.
Горев, Б. И. Высшие группы интеллигенции. (Особо квалифицированные группы). См. его сборник статей «На идеологическом фронте». М. 1923.
— Интеллигенция, как экономическая категория. См. его сборник статей «На идеологическом фронте». М. 1923.
— Некоторые проблемы марксистской теории классов. П. З. М. 1923. 10.
Горький, М. Интернационал интеллигенции. К. II. 1919. 7—8.
— Мужик. Очерки. Ж. 1900. 2—3.
Градовский, А. Собрание сочинений. Т. IX. Спб. 1899—1904.
Грани, Умберто. Фашистский Зубатов. II. 1925. 277.
Грибовский, В. Душа толпы и личности. Неделя. 1899. 4.

Группа «Освобождение Труда». Сборник 1, 2, 3, 4...

Гурвич, Г. Д. Идеология социализма в свете новейшей немецкой литературы. С. З. 1924. 18.

Гурьев, Г. А. Дарвинизм и марксизм. Гомель. 1925.

Данишевский, С. Л. Опыт библиографии октябрьский революции. М.—Л. 1926. См. стр. 111, 117, 143, 168, 173.

Дарвинизм и марксизм. Сборник статей п. ред. М. Равич-Черкасского. Харьков. 1923.

Даян. Детерминизм и роль личности в истории. С. К. 1924. 29.

Деборин, А. Философия и марксизм. М.—Л. 1926.

Дейч, Л. Роль евреев в русском революционном движении. М. 1925.

Дерунов, К. Н. Библиография русских рецензий. (Указано время выхода периодики 1850—1924). Орел. 1924.

Дитятин, И. И. Устройство и управление городов в России. Т. 1 и 2. Спб. 1875—Ярославль. 1877.

Добролюбов, Н. Полное собрание сочинений. См. Первые годы царствования Петра Великого. (О роли личности в истории).

Довнар-Запольский, М. В. Из истории общественных течений в России. Киев. 1905.

Додд, В. К вопросу о значении личности в истории. В. З. 1903. 11.

Доленга (Лавров, П.). Важнейшие моменты в истории мысли. М. 1903.

Дрэпер, Д. История умственного развития Европы. Спб. 1901.

Дюги, Л. Общество, личность и государство. Спб. 1914.

Дюринг, Е. Великие люди в литературе. Спб. 1897

Е. Л. Вожди и толпа. В. В. 1908. 1.

Егоров, Н. В. Общественность в русской художественной литературе XIX века. П. 1922.

Ешевский, С. В. Материалы для истории русского общества. См. его «Собрание сочинений по русской истории». М. 1908.

Жоли. Психология великих людей. Спб. 1894.

Загоскин. Образование служилого сословия.

Залевский, К. Роль интеллигенции в развитии Интернационала. П.—Одесса.1917.

Засулич, В. Сборник статей. Спб. 1907.

Звенигородцев, Н. Учение Маркса о понятии. П. З. М. 1922. 11—12.

Зомбарт, Вернер. Буржуа. Этюды по истории духовного развития современного экономического человека. М. 1924.

Иванов-Разумник. История русской общественной мысли. П. 1918.

— Содержание истории русской интеллигенции. См. его «История русской общественной мысли». Т. I. П. 1918.

— Что такое интеллигенция? См. его «История русской общественной мысли». Т. 1. П. 1918.

Изучение профессий интеллигентного труда. Сборник статей под редакцией И. М. Бурдянского. М. 1925.

Иконников, В. Русские университеты в связи с ходом общественного образования. В. Е. 1876. 9—11.

Интеллигенция. См. Новый энциклопедический словарь Брокгауза. 19. Стр. 537.

Интеллигенция. См. Энциклопедический словарь Граната. 22. Стр. 60.

Иорданский, Ник. Интеллигенция между капитализмом и коммунизмом. П. 1923. 220.

Исаев, А. А. Вопросы социологии. Спб. 1906.

— Еще о личности и среде. В. З. 1908. 4.

— Личность и среда. См. его «Вопросы социологии».

Истрин, В. М. Опыт методологического введения в историю русской литературы XIX века. Спб. 1907.

Итоги науки в теории и практике. Т. XI, стр. 185—196 и 197—202. М. 1914. Ст. М. Рейснера.

Кавелин, К. Д. Идеалы и принципы. Неделя. 1876. 36.

— Наш умственный строй. Неделя. 1875. 10.

— Собрание сочинений. Том II. Спб. 1900.

Кайт, Л. Как «живет» и умирает интеллигенция в Германии. П. 1926. 53.

Каменев, Л. Перечень напечатанных работ В. И. Ленина. Вып. 1. (1891—1911 гг.). М. 1920.

Каменев, Л. Социальдемократические издания. Указатель социальдемократической литературы на русском языке. 1883—1905 гг. М. 1922. (Приводится содержание).

Кареев, Н. И. Введение в изучение социологии. Спб. 1911.
— Историко-философские и социологические этюды. Спб. 1899.
— Литературная эволюция на Западе. Воронеж. 1886.
— Мысли о сущности общественной деятельности. Спб. 1901.
— Основные вопросы истории.
— Теория личности П. Л. Лаврова. Спб. 1907.
— Сущность исторического процесса и роль личности в истории. Спб. 1890.

Карлейль, Т. Герои, почитание героев и героическое в истории. Спб. 1908.

Кастрили, Виченцо. Работники умственного труда. В. Р. 1923. 16.

Каутский, К. Интеллигенция и пролетариат. П. 1905.
— Интеллигенция и социаль-демократия. Спб. 1906.

Келтуяла, В. Курс истории русской литературы. Ч. I, кн. I. Спб. 1913.

Kersten, Karl. Капитал — культура — интеллигенция. Н. 1923. 490.

Кизеветтер, А. А. Крестьянство в русской научно-исторической литературе. Кр. Р. 1923. 5—6.

Клейнборт, Л. М. Очерки по истории русской интеллигенции. Т. 1. Спб. 1924

«Клич». 1917. №№ 1—4.

Ключевский, В. История сословий в России.

Книжник, И. Интеллигенция и революция. См. его «Систематический указатель литературы по общественным наукам». П. 1923.
— Что читать по общественным наукам. Систематический указатель коммунистической и марксистской литературы. 1917—1923 гг. Л. 1924.

Козьмин, Б. И. Революционное движение в России XVII—XX вв. М. 1925.

Коробка, Н. И. Личность в русском обществе и литературе начала XIX века. Спб. 1903.

Корф, С. А. Дворянство и его сословное управление за столетие 1760—1855. Спб. 1906.

Костомаров, Н. История раскола и раскольников.

Коялович, М. О. История русского самосознания по историческим памятникам и научным сочинениям. Спб. 1884.

Крживицкий, Л. 1. Возникновение идей. 2. Распространение идей. Спб. 1906.
— Из психологии общественной жизни. Ж. 1900. 8.
— Личность и общество. С. М. 1910. 7.
— Человек и общество. Н. О. 1898. 9.

Кривцов, Ст. Плеханов, как социолог. П. З. М. 1923. 6—7.

Кропоткин, П. Речи бунтовщика. Спб. 1906.
— Что делать? (К молодежи).

Куда мы идем? Настоящее и будущее русской интеллигенции, литературы, театра. М. 1910.

Кудрявцев, П. Из недавнего прошлого. Несколько данных для характеристики перелома, происшедшего в русском общественном сознании в начале девятидесятых годов. Спб. 1912.

Куликовский. Культурные пионеры. С. 1878. 4. 1880. 12.
— Секта людей божиих. С. 1880. 9.

Куммер, Фридрих. О смене литературных поколений и литературных кумиров М. 1910.

Кунов, Г. Философия и общественно-экономические факторы. В. З. 1904. 8.

Лавров, П. (Арнольди). Задачи понимания истории. Спб. 1903.
— Интеллигенция древнейших периодов и переживания. Пособники интеллигенции. См. Собрание сочинений. Вып. V, гл. XVII. П. 1918.
— Исторические письма. Спб. 1906.
— Личность и общество. См. его «Социальная революция и задачи нравственности». П. 1921.

Лакомб, П. Социологические основы истории. Спб. 1895.

Лассаль, Ф. Наука и рабочие. П. 1917.

Лафарг, П. Очерки по истории культуры. М. 1926 г.
— Социализм и интеллигенция. Одесса. 1906.

Легальная социальдемократическая литература в России за 1906—14 годы. (Библиография). Под редакцией Г. Бешкина. М. 1924.

Ленин, В. И. Материализм и эмпириокритицизм. Л. 1925.

— От какого наследства мы отказываемся? Собрание сочинений. Т. II.

Ленин и о Ленине. Материалы к библиографическому указателю за 1924 г. Под редакцией Г. В. Никольской. Л. 1925.

Лениниана. Под общей редакцией Л. Б. Каменева. Т. 1. М.—Л. 1926. Т. II. 1927.

Леонтьев, А. Крестьянство, как класс. П. Н. 1923. 1042.

Леонтьев, К. Национальная политика, как орудие всемирной революции. М. 1889.

Литературный распад. Ч. 1 и 2. Спб. 1908—1909.

Ломброзо, Ц. Гениальность и помешательство.

Лосский, Н. Органическое строение общества и демократия. С. З. 1925. 25.

Луи, Поль. Интеллигенция и социализм. Спб. 1906.

Лукач. Материализация и пролетарское сознание. В. С. А. 1923. 4. 5. 6.

Луначарский, А. В. Западная интеллигенция. П. и Р. 1922. 2 (5). 6.

— История западно-европейской литературы в ее важнейших моментах. М. 1924.

— Мещанство и индивидуализм. М. 1923.

— III Интернационал и интеллигенция. К. И. 17.

— Формализм в науке об искусстве. П. и Р. 1924. 5. См. главу 2-ую.

— Этюды критические и полемические. М. 1905.

Лурье, С. В. Общественность и идеология. С. З. 1924. 18.

Львов, К. Проблема личности у Достоевского. М. 1918.

Лягарделль, Г. Интеллигенция и синдикализм. Спб. 1906.

Лядов, М. Спасает ли философия от оппортунизма? П. 1924. 11.

Максимов, Д. М. Введение в изучение марксизма. Вып. второй. Идеологии. Л. 1924.

Мандельштам, Р. С. Художественная литература в оценке марксистской критики. М.—П. 1923.

Маркелов, Г. И. Личность, как культурно-историческое явление. Спб. 1912.

Маркс, К. и Энгельс, Ф. Письма. М. 1923, стр. 309—314.

Марксизм и национальная проблема. 1923.

Мартынов. Русский исторический процесс в освещении тов. Л. Д. Троцкого и М. Н. Покровского. (Доклад в «Научном Обществе Марксистов». Петроград, 22 апреля 1923 г.).

Маслов, П. Общественные отношения и идеология. Н. О. 1899. 1.

Массарик. Философские и исторические основания марксизма. М. 1900.

Мауэрнбрехер, М. Интеллигенция и социал-демократия. Спб. 1906.

Машкин, А. Литературная методология народничества. Н. У. 1922. 4.

Мебель, М. Парижская коммуна в отражении современной ей русской периодической прессы. (Из истории русской общественной мысли). Сов. 1922. 1.

Мезиер, А. В. Русская словесность с XI по XIX столетия включительно. Спб. 1899—1902.

Мейман, Э. Интеллигентность и воля. М. 1919.

Мережковский, Д. Больная Россия. Спб. 1910.

— Грядущий хам. Спб. 1906.

Меринг, Ф. Об историческом материализме. Спб. 1906.

Мертваго, А. В тумане нашей намечающейся культуры. М. 1908.

— Не по торному пути. 1900.

Меч, В. Либеральная и демократическая буржуазия. М. 1907.

— Силы реакции. М. 1907.

Мечников. Вопросы общественности и нравственности. Дело. 1879. 9. 10. 11.

Мещеряков, Н. Л. О германской интеллигенции. (Доклад в «Доме Печати». М. 1923). См. еще ст. А. Дворина. «Коммунистическое Просвещение». 1923. 4—5.

— О положении германской интеллигенции. П. и Р. 1924. 1.

Милюков, П. Н. Из истории русской интеллигенции. Спб. 1902.

— Очерки по истории русской культуры. Часть 1.

— Очерки по истории русской культуры. Ч. III, в. 1 и 2. Национализм и общественное мнение. Спб. 1909—1913.

Минский, Н. Идея личности в русской истории. См. его «На общественные темы». Спб. 1909.

Миртов. Очерк теории личности. О. З. 1859. 11. 12.

Михайловский. Н. К. Борьба за индивидуальность. О. З. 1875. 10. 1876. 1. 3. 6. См. еще I, II, III, IV и VI тт. его сочинений, а также I и II тт. «Литературных воспоминаний».
— Идеалы человечества и естественный ход вещей. О. З. 1873. 2.
— Об экономическом материализме. Р. Б. 1894. 1. Б. 1924. 23.
— Орган, неделимое и общество. О. З 1872. 12.
Мишель, А. Идея государства. Спб. 1903.
Мюллер-Лиер, Ф. Социология страданий. М.—Л. 1925. См. о социал-аристократии.
Н. Б. Интеллигенция на Западе. П. 1921. 10.
Н. С. Борьба общественных сил в России. Выпуск I. Б. о. м., типография Народной Воли.
На новых путях! (О германской интеллигенции). Н. 1924. 18.
Неведомский, Н. Зачинатели и продолжатели. П. 1919.
Нельский, О. Белинский—Чернышевский—Плеханов. См. Группа «Освобождение Труда». № 2.
Нечкина, М. Взгляд В. О. Ключевского на роль «идей» в историческом процессе. К. Н. 1923. 5.
— Гегельянская «окаменелость». (В связи с книгой Л. Троцкого «1905». М. 1922, изд. 2-е). К. Б. 1923. 4.
Никитин, П. Роль мысли в истории. Дело. 1875. 9. 12.
Николаев, А. А. Интеллигенция и народ. М. 1906.
— Хлеба и света. Материальный и духовный бюджет трудовой интеллигенции у нас и за границей. Спб. 1910.
Оболенский, Л. Борьба между личностью и общественностью. Рус. М. 1899. 4.
— Самосознание классов в общественном прогрессе. В. Ф. и П. Кн. 34. 1896. 3.
Овсянико-Куликовский, Д. Н. История русской интеллигенции. 3 тт. Спб. 1910—1911.
— Русская интеллигенция. (Кризис идеологий). См. Сочинения. Т. VI. Спб. 1914.
Ольминский, М. Государство, бюрократия и абсолютизм в истории России. М.—Л. 1925.
Ортодокс. В защиту идеологии. С. М. 1913. 3.
Оствальд, В. Великие люди. Спб. 1910.
Очерки реалистического мировоззрения. Спб. 1904.
Очерки философии коллективизма. Спб. «Звено». 1909. См. еще в изд. «Зерно». Спб. 1908.
Пажитнов, К. Очерк развития буржуазии в России. О. 1907. 2—3.
— Развитие социалистических идей в России от Пестеля до группы «Освобождение Труда». П. 1924.
Переверзев, В. Ф. Творчество Достоевского. М. 1912.
Петрашкевич, С. Библиография воспоминаний о Тургеневе. См. «Тургеневский сборник». П. 1915.
Пешехонов, А. К вопросу об интеллигенции. Спб. 1906.
Пиксанов, Н. К. Два века русской литературы. М.—П. 1923.
Пионтковский, С. Краткий очерк истории рабочего движения в России (с 1870 г. по 1917 г.). Л. 1925.
Писарев, Д. Бедная русская мысль. См. его «Собрание сочинений».
— Историческое развитие европейской мысли. См. «Собрание сочинений». Т. VII. Спб. 1866—1869 гг.
Плеханов, Г. В. К вопросу о развитии монистического взгляда на историю. Спб. 1908. См. сборник Группа «Освобождение Труда». № 5.
— К вопросу о роли личности в истории. См. его «За двадцать лет». Спб. 1909.
— История русской общественной мысли. Т. I—III и 1—3 гл. из IV. М. 1925. См. о ней С. М. 1917. 2—3. Л. 1916. 11. «Киевская Мысль». 1916. 159.
— Материалистическое понимание истории. См. сборник Группа «Освобождение Труда». № 4.
— О книге «М. Стасюлевич и его современники в их переписке». С. М. 1912. 1. 6.
— Основные вопросы марксизма. М. 1922.
— Очерки по истории русской общественной мысли XIX века. П. 1923.
Плехановская хрестоматия. Киев. 1925. См. стр. 522—523.
Плошинский. Городское или среднее состояние русского народа в его историческом развитии от начала Руси до новейших времен. Спб. 1852.

13

Познер, С. Новости литературы. П. Н. 1923. 103%. (По поводу национальной проблемы в России).

Покровский. Личность и общество. О. З. 1868. 3. 5.

Покровский, М. Н. Борьба классов в русской исторической литературе. П. 1923.
— Г. В. Плеханов, как историк России. П. З. М. 1923. 6—7.
— Очерк истории русской культуры. Ч. 1. М. 1921.
— Русская история в самом сжатом очерке. Ч. I—II. Стр. 161 и далее до конца. М. 1920.
— Экономический материализм. М. 1906.

Поляк, Н. Указатель художественной литературы на социальные темы. М. 1923.

Предметный указатель к сочинениям Н. К. Михайловского. См. Полное собрание сочинений Н. К. Михайловского. Т. 10. Спб. 1913. (Материал для характеристики русской общественности).

Проблемы идеализма. М. 1902.

Пругавин, А. Значение сектаторства в русской народной жизни. Рус. М. 1881. 1.

Пыпин, А. Н. Характеристика литературных мнений от двадцатых до пятидесятых годов. Спб. 1909.

Пятковский, А. П. Из истории нашего литературного и общественного развития. Спб. 1889.

Разумовский, И. Социология и право. М. 1924.
— Сущность идеологического воззрения. В. С. А. 1923. 4. П. З. М. 1923. 11—12.

Раппопорт, Х. Философия истории в ее главнейших течениях. Спб. 1898. стр. 43—59.

Рейснер, М. А. Государство буржуазии и Р. С. Ф. С. Р. 1923.
— Интеллигенция, как предмет изучения в плане научной работы. П. и Р.1922. 1.
— Мещанство. К. Н. 1927. 1.

Розанов, Я. С. Исторический материализм. (1865—1924 гг.). Киев. 1925.

Романович-Славатинский, А. В. Дворянство в России от начала XVIII в. до отмены крепостного права. Спб. 1870. Киев. 1912.

Рубакин, Н. А. Вопрос об интеллигенции. См. «Среди книг». Т. 1. Стр. 393—400. М. 1911.
— Вопрос о роли личности в истории. См. «Среди книг». Т. 1. Стр. 400—411. М. 1911.
— Представители главнейших течений русской общественной мысли 1800—1910 гг. См. «Среди книг» Т. 1. Стр 219—292. М. 1911.

Рубинштейн, М. Социальные корни реформизма. М. 1926. См. Реформизм и интеллигенция.

Румий, В. Аз-Буки-Веди. (По поводу ст. В. Адоратского «Об идеологии»). П. З. М. 1922. 11—12.
— Ответ одному из талмудистов. П. З. М. 1923. 8—9. (По поводу ст. И. Разумовского «Сущность идеологического воззрения»). П. З. М. 1923. 11—12.

Русанов, Н. История русского крестьянства. Р. Б. 1880. 4.
— Из идейной истории русского социализма 40-х гг. Р. Б. 1909. 1.

Русская зарубежная книга. Часть вторая. Библиографический указатель 1918—1924 гг. Под ред. С. П. Постникова. Прага. 1924.

Русская пресса за границей. См. Справочная книжка журналиста. М. 1924.

Сакулин, П. Н. Интеллигенция. См. его «Социологический метод в литературоведении». М. 1925.
— Русская литература и социализм. М. 1922.

Сафаров, Г. Кризис немецкой интеллигенции. П. 1923. 68.
— Национальный вопрос и пролетариат. М. 1923.

Святловский, Владимир. Русский утопический роман. П. 1922.
— Этапы русской мысли. П. 1924.

Семевский, В. И. Крестьяне в царствование императрицы Екатерины II. Т. 1 и II. Спб. 1881—1888.
— Не пора ли написать историю русского крестьянства. Рус. М. 1881. 2.
— Сельский священник во второй половине XVIII века. Р. С. 1877. 8.

Серебряков, М. В. Роль личности в истории. (Доклад в «Научном Обществе Марксистов». Петроград. 20 мая 1923 г.).

Систематический указатель статей и материалов, помещенных в русских исторических журналах за 1922 год. См. «Библиография периодики». Вып. 2. М. 1923.

Скабичевский, А. Очерк развития прогрессивных идей в нашем обществе. См. «Сочинения». Т. 1. «Сорок лет русской критики».

— Очерки умственного развития нашего общества. О. З. 1870. 10. 11. 1871. 1. 2. 3. 10. 11. 1872. 4—6.

— Сочинения. Т. II. Спб. 1895.

Сказин, Е. В. Буржуазные революционеры. М. 1926.

Соколов, Н. М. Об идеях и идеалах русской интеллигенции. Спб. 1904.

Солнцев, С. И. Общественные классы. Важнейшие моменты в развитии проблемы классов и основные учения. П. 1923.

Соловьев, Вл. Национальный вопрос в России.

Соловьев, Е. В раздумьи. Спб. 1893.

— Очерки из истории русской литературы XIX века. М. 1923.

— Рабочие люди и новые идеи. Спб. 1906.

— Роль личности в истории и теория прогресса. Ж. 1899. 7—9.

Сомов, Н. М. Систематический указатель книг и статей по журналистике. (Библиография журнализма). 2-е дополненное издание. М. 1924. См. также в журнале «Современник». 1922. 1. 1923. 2.

Сорокин, П. А. Голод и идеология общества. «Экономист». 1922. 4—5.

— Население, класс, партия. Кр. Р. 1923. 5—6.

— Общедоступный учебник социологии. Ярославль. 1920.

— Система социологии. Т. II. П. 1920.

Сталин, И. Вопросы ленинизма. М.—Л. 1926.

М. М. Стасюлевич и его современники в их переписке. Т. 1—V. Спб. 1911—1913.

Статьи по национальному вопросу. Варшава. 1921.

Столпнер, Б. и Юшкевич, П. История философии в марксистском освещении. Ч. 1 и II.

Струве, П. Критические заметки по вопросу об экономическом развитии России. Спб. 1894.

Субъект и исторический процесс. См. С. Я. Вольфсон. Диалектический материализм. Минск. 1922.

Субботин, Н. Раскол, как орудие противоправительственных партий. Р. В. 1866. 9. 11. 1867. 4. 5.

— Современные движения в расколе. 1863—66 гг.

Суворов, А. К философии общества. О. 1907. 12.

Сулковский, Ф. В. Личность в историческом процессе. Иваново-Вознесенск. 1924.

Сухарев, Т. А. Развитие национального самосознания в древней Руси. Раненбург. 1914.

Т. Вымирание интеллигенции на Западе. П. 1922. 138.

Тард, Г. Законы подражания. Спб. 1892.

Тахтарев, К. Наука об общественной жизни. П. 1919, стр. 194—214 и 215—286.

Тихомиров, Лев. Демократия либеральная и демократия социальная. М. 1896.

Товстуха, И. П. Примечания. См. Н. Ленин (К. Тулин). Экономическое содержание народничества и критика его в книге г. Струве. М. 1923.

Толстой, Л. Статьи о кампании 1812 г. Приложение к ром. «Война и Мир».

Троцкий, Л. Верное и фальшивое о Ленине. Мысли по поводу горьковской характеристики Ленина. И. 1924. 229.

— Интеллигенция и социализм. См. «Литература и революция». М. 1924.

— Литература и революция. М. 1924.

— Немецкая книжка об интеллигенции. С. М. 1910. 11.

— Россия и Европа. Масарик о русском марксизме. См. Сочинения, т. XX. М. 1926.

Туган-Барановский, М. Теоретические основы марксизма. Спб. 1905.

— Экономический фактор и идеи. М. Б. 1896. 4.

Уайльд, О. Нигилисты. Пьеса из русской жизни в трех действиях с прологом.

Удальцов, У. К теории общественных классов. П. З. М. 1923. 8—9.

Указатель литературы о Н. К. Михайловском. См. Полное собрание сочинений Н. К. Михайловского. Т. 10. Спб. 1913.

Унтерман, Э. Наука и революция. Одесса.

Уорд, Л. Психические факторы цивилизации. Спб. 1897.

Успенский, Г. И. Народная интеллигенция. «Интеллигентный» человек. См. «Собрание сочинений». Т. V. П. 1919.
Уэллс, Г. Спасение цивилизации. П. 1923.
Ф. Д. Борьба за просвещение. С. Р. Г. 1913. 24.
Ф. К. Война и положение интеллигенции. И. 1924. 177.
Филиппов, М. Теория критически-мыслящей личности. Н. О. 1900. 4.
Фомин, А. А. К истории вопроса о развитии в России общественных идей в начале XIX века.
Франк, С. Философия и жизнь. Спб. 1910.
Фриче, В. М. От марксизма к идеализму. Из истории немецкой интеллигенции XIX в. Пр. 1905. 8.
— Художественная литература и капитализм. М. 1906.
Харламов. Идеализаторы раскола. Дело. 1881. 8. 9.
— Раскол и его бытовое значение.
Хлебников, Н. О влиянии общества на организацию государства в домонгольский период. Спб. 1872.
Цеткин, Клара. Интеллигентный пролетариат, женский вопрос и социализм. П. 1918.
Цеткин, Л. Об интеллигенции. П. 1924. 154.
Чарнолусский, В. Культура социальной личности. В. П. 1922. 3—5.
Чернов, В. Философские и социологические этюды. М. 1907.
Черный, Л. Этюды о классовой природе интеллигенции. К. 1917 г. 1. Москва.
Чернышевский, Н. Письма без адреса. Сочинения. Т. X, ч. 2.
Черняков, З. Е. Социология в наши дни. Л.—М. 1926.
Шацкин, Лазарь. Классовость, интеллигенция, коллективность и самодеятельность. М. 1921.
Шашков, С. Русская литература и общество. Дело. 1872. 1.
Шелгунов, Н. В. Историческая сила критической мысли. См. его «Сочинения». Т. II. Спб. 1891. См. также об «Исторических письмах» Миртова.
Шерр, И. История цивилизации Германии. Спб. 1868.
Шилов, А. А. Что читать по истории русского революционного движения? П. 1922.
Шишко, Л. Очерки по вопросам экономики и истории. М. 1906.
— Статьи по истории русской общественности. Собрание сочинений. Т. IV. П.—М. 1918.
Шнеерсон, Б. С. Библиографический указатель к собранию сочинений Н. Ленина (В. Ульянова). (1893—1923 гг.). М.—Л. 1926.
Шпет, Густав. Очерк развития русской философии. П. 1922.
Штаммлер, Р. Хозяйство и право. Т. I и II. Спб. 1907.
Штейнберг, С. Роль личности в истории и общественная наука. Н. О. 1905. 5.
Штиллих. Греческая философия с материалистической точки зрения. Н. О. 1900. 5. С. К. 1923. 21.
Штрассер, Иосиф. Путь интеллигенции. М. 1925.
Шулятиков, В. Из теории и практики классовой борьбы. М. 1907.
Щапов, А. Естественно-педагогические условия умственного и социального развития русского народа. О. З. 1870. 3. 4. 12.
— Исторические условия интеллектуального развития в России. См. Сочинения. Т. II. Спб. 1906. Дело. 1868. 1. 3. 4. 8. 9.
— Общий взгляд на историю интеллектуального развития в России. См. Сочинения. Т. II. Спб. 1906. Дело. 1867. 2. 3.
— Социально-педагогические условия умственного развития русского народа.
— Умственное направление русского раскола. Дело. 1867. 10. 11. 12.
Энгель, Е. А. Соотношение понятий «общество» и «государство». З. Н. О. М. 1923. 2 (1).
Энгельгардт, А. Из деревни. Спб. 1897.
Энгельгардт, Н. Философия русского самосознания. Неделя. 1897. 1—4.
Энгельс, Ф. Анти-Дюринг. Спб. 1907.
— Людвиг Фейербах. Спб. 1906.
— Развитие социализма: от утопии к науке. М.—Л. 1926.
Южаков, С. Социологические этюды. Т. II. Спб. 1896. См. также т. 1-й.
Юзов, И. Основы народничества. Т. I. Спб. 1888.
— Политические воззрения староверия. Рус. М. 1882. 5.

Юрский, Н. А. Ф. Кони в истории русской общественности. Л. 1924.
Юшкевич. Идеология и политика. Н. Ж. 1911. 6.
— О материалистическом понимании истории. М. 1907.
— Техническое строительство и идеологическое искательство. Сев. З. 1915. 5—6.
Яблочков. История дворянства в России.

II. НАЧАЛЬНЫЙ ПЕРИОД. XVIII ВЕК

Ашешов, Ник. А. Н. Радищев, первый русский республиканец. П. 1920.
Б-ва. Общественные идеалы при Екатерине II. В. Е. 1876. 7.
Боголюбов, В. Н. И. Новиков и его время. М. 1916.
Бочкарев, В. Н. Вопросы политики в русском парламенте XVIII века. Тверь. 1923.
Брюллова, С. (Кавелина). Общественные идеалы в Екатерининскую эпоху. В. Е. 1876. 1.
Вернадский, Г. В. Н. И. Новиков. П. 1918.
— Русское масонство в царствование Екатерины II. П. 1917.
Добролюбов, Н. А. Русская сатира в век Екатерины. См. Сочинения. Т. I.
Зоммер. Крепостное право и дворянская культура в России XVIII в.
Иванина, Н. Масонство в России в XVIII и XIX вв. Р. С. 1882. 9. 10.
К. П. Вольтер и вольтерьянство. Р. О. 1897. 3.
Кизеветтер, А. А. Исторические очерки. М. 1912. См. И. П. Пнин. К истории русского либерализма.
— Московские розенкрейцеры XVIII столетия. Рус. М. 1915. 10.
Ключевский, В. Воспоминание о Новикове и его времени. Рус. М. 1895. 1.
— Императрица Екатерина II. Рус. М. 1896. 11.
Коц, Е. С. Крепостная интеллигенция. Л. 1926.
Лаппо-Данилевский. Очерк внутренней политики Екатерины. Спб. 1898.
Леткова. Крепостная интеллигенция. О. З. 1883. 11.
Лонгинов, М. Н. Новиков и московские мартинисты. М. 1867.
Луппол, И. Русский гольбахианец конца XVIII века. П. З. М. 1925. 3.
Мандельштам, Р. Библиография Радищева. В. С. А. 1925. 13. 1926. 14. 15.
Мельгунов, С. Дворянин и раб на рубеже XIX века. См. «Великая реформа». Т. 1. М. 1911.
Мякотин, В. А. На заре русской общественности. (А. Н. Радищев). М. 1918.
Пекарский, П. Дополнения к истории масонства в России. См. Сборник Русского Отделения Академии Наук. Т. 7, № 4. Спб. 1869. (Указана библиография о масонстве).
Плеханов, Г. А. Н. Радищев. См. сборник Группа «Освобождение Труда». М. 1924. № 1.
Пыпин, А. Н. Русские реакции в XVIII и начале XIX в.
— Русское масонство XVIII и первой четверти XIX века. П. 1916.
Рожков, Н. Заветы прошлого и задачи будущего. Р. Мир. 1918. 20.
Русские вольнодумцы в царствование Екатерины II. Р. С. 1881. 1. 2. 3.
Русские вольнодумцы при Екатерине II. Р. С. 1874. 1—3.
Сакулин, П. Н. Крепостная интеллигенция. См. «Великая реформа». Т. III. М. 1911.
Семевский, В. И. Сельский священник во второй половине XVIII века. Р. С. 1877. 8.
Семека, А. В. Московские розенкрейцеры. Спб. 1903.
Семенников, В. П. Книгоиздательская деятельность Н. И. Новикова и типографской компании. П. 1921.
— Радищев. Очерки и исследования. П. 1923.
— Раннее издательское общество Н. И. Новикова. Р. Биб. 1912. 5.
Симони, П. К. П. И. Новиков и книгопродавцы Кольчугины. П. 1906.
Сиповский, В. Из истории русской мысли XVIII—XIX вв. Русское вольтерьянство. Г. М. 1914. 1.
— Из истории самосознания русского общества XVIII века. Изв. 1913. 1.
Соколовская, Т. Русское масонство и его значение и история общественного движения. Спб. 1907.
Сухомлинов, М. Исследования и статьи. Т. 1. Спб. 1899.
Тихонравов, Н. С. Русские вольнодумцы XVIII века.

Туманов, Н. М. А. Н. Радищев. В. Е. 1904. 2.

Чечулин, Н. Русское провинциальное общество во второй половине XVIII столетия. Спб. 1889.

Щеголев, П. Исторические этюды. Спб. 1913. См. А. Радищев в 1789 г.

III. XIX ВЕК. ДЕСЯТЫЕ, ДВАДЦАТЫЕ И ТРИДЦАТЫЕ ГОДЫ

Авдеев, М. В. Наше общество в героях и героинях литературы. (1820—70 гг.). Спб. 1894.

Адрианов, С. А. Примечание к переписке Чаадаева. См. сборник «С. Ф. Платонову ученики, друзья и почитатели». Спб. 1911.

Аксаков, К. С. Воспоминания студентства. (1832—1835 годов). Спб. 1911.

Алданов, М. А. Сперанский и Декабристы. С. З. 1925. 26. См. еще Г. М. Париж. 1926. 2.

Анненков, П. В. Анненков и его друзья. Спб. 1892. См. Идеалисты 30-х годов.
— Исторические и эстетические вопросы в романе Толстого «Война и Мир». В. Е. 1868. 2.
— Литературные воспоминания и переписка. 1835—1885 гг. Спб. 1892.

Белинский, В. Г. Герой нашего времени. См. его Собрание сочинений.

Бобров, Евг. Литература и просвещение в России в XIX-м веке. Казань. 1901.
— Образовательный ценз декабристов. См. Сборник Учено-Литературного Общества при Юрьевском Университете. Том XIII. 1908.

Бороздин, А. К. Исторический элемент в романе «Война и Мир». М. Г. 1908. 10.

Буланова, О. К. Роман декабриста. М. 1925.

Бунт декабристов. Юбилейный сборник 1825—1925. Л. 1926.

Буткевич. Религиозные убеждения декабристов. В. и Р. 1899. 12.

Ваганян, В. Г. В. Плеханов и В. Г. Белинский. П. З. М. 1923. 6—7.

Венгеров, С. А. Эпоха Белинского. Спб. 1906.

Веселовский, А. Н. Сословие друзей просвещения. Р. Биб. 1912. 4.
— Этюды и характеристики. М. 1894. См. Альцест и Чацкий.

Вознесенский, С. Библиографические материалы для словаря декабристов. Л. 1926.

Герцен, А. И. Былое и Думы. (Впервые в «Отечественных Записках». 1845. 12).
— Русский заговор 1825 г. М—Л. 1926.

Гершензон, М. История молодой России. 1908.
— П. Я. Чаадаев, его жизнь и мышление. 1908.

Гессен, Сергей. Декабристы перед судом истории. (1825—1925). Л.—М. 1926.

Глинка, С. Записки. Спб. 1895.

Гончаров, И. А. Милльон терзаний. (По поводу «Горе от ума»). (Впервые в «Вестнике Европы». 1872. 3).

Горев, Б. И. Русская интеллигенция и социализм. См. его сборник статей «На идеологическом фронте». М. 1923.

Грибоедов, А. С. Горе от ума. Комедия в стихах. М. 1833.

Грушевский, А. С. Из жизни украинской интеллигенции 1830 годов. Изв. 1916. Т. XXI, к. 1.

Декабристы. 1825—1925. Сборник статей и материалов под редакцией и с предисловием С. Я. Штрайха. М. 1925.

Дмитриев, И. Взгляд на мою жизнь. М. 1866.

Дмитриев, М. Записки современника. Спб. 1869.

Довнар-Запольский, М. Идеалы декабристов. М. 1907.

Дубровин, Н. Ф. После Отечественной войны. Р. С. 1904. 1—5.

Евгеньев-Максимов, В. Декабристы и «декабристки» в поэзии Некрасова. Звезда. 1925. 6 (12).

Жены декабристов. Сборник статей под редакцией В. Покровского. М. 1906.

Жихарев, С. П. Записки современника с 1805—1819 гг. Ч. I и II. М. 1890.

Заблоцкий-Десятовский. Гр. Киселев и его время. Спб. 1882.

Замотин, И. Романтический идеализм. Спб. 1908.

Заславский, Д. Заговор декабристов. Л. П. 1925. 301.

Карамзин, Н. М. О древней и новой России в ее политическом и гражданском отношениях. 1810.

Кизеветтер, А. А. Гр. Ф. В. Растопчин. Рус. М. 1912. 12.
— Заметки о декабристах. С. З. 1923. 3.
Ключевский, В. О. «Грусть». Рус. М. 1891. 7. Очерки и речи. М. 1913.
— Предки Евгения Онегина. Рус. М. 1887. 2.
Коган, П. Белинский и его время. М. 1923.
Козмин, Н. К. Очерки из истории русского романтизма. Спб. 1903.
Корнилов, А. Н. И. Тургенев. М. Б. 1903. 6—8.
Костенецкий, Я. И. Воспоминания из моей студенческой жизни (1828—1833).
   Р. А. 1887. 1—2.
Котляревский, Н. А. М. Ю. Лермонтов. Спб. 1891.
Кузнецов, Д. (Г. В. Плеханов). Пессемизм, как отражение экономической дей-
   ствительности. (По поводу Чаадаева). См. «Материалы к характеристике нашего
   хозяйственного развития». 1895.
Куфаев, М. Н. История русской книги в XIX веке. Л. 1927.
Левин, К. Политические и социальные воззрения декабристов. См. сборник
   «Текущий момент». М. 1906.
Лемке, М. Чаадаев и Надеждин. М. Б. 1905. 9. 10. 11. 12.
Лермонтов, М. Ю. Герой нашего времени. 1-е изд. Спб. 1840.
Лернер, Н. О. Белинский. Берлин. 1922.
Ляликов. Студенческие воспоминания. Р. А. 1875. 11.
Ляхов, А. Основные черты социальных и экономических отношений в России
   в эпоху Александра I. М. 1912.
Мельгунов, С. Дела и люди Александровского времени. Берлин. 1923.
— Идеализм и реализм декабристов. Г. М. Париж. 1926 г. 2.
Мережковский, Д. Александр I. 1913.
— 14 декабря. Роман. П. 1918.
Милюков, П. Н. Роль декабристов в связи поколений. Г. М. Париж. 1926. 2.
Михайловский, Н. К. Герой безвременья. См. его «Критические опыты». Т. III.
   Спб. 1895.
Модзалевский, Б. Л. Роман декабриста Каховского. Л. 1926.
Мякотин, В. А. А. С. Пушкин и декабристы. Прага. 1923. См. Г. М. Париж. 1926. 2.
Нельский, О. Белинский—Чернышевский—Плеханов. См. Группа «Освобожде-
   ние Труда». № 2.
Нечкина, М. Портреты «предков». (Юбилей декабристов за рубежом). П. и Р.
   1926. 8.
Нечкина, М. В. и Сказин, Е. В. Семинарий по декабризму. М. 1925.
Оглоблин, Н. Н. К характеристике русского общества в 1812 г. Ч. 1901. 15.
Оксман, Ю. Г. Декабристы. Отрывки из источников. М.—Л. 1926.
Отечественная война и русское общество. М. 1911—1912.
Павлов-Сильванский, Н. П. Русские материалисты 20-х годов. См. его «Очерки
   по истории XVIII—XIX вв.» П. 1910.
Пажитнов, К. Очерки развития общественных идей в России в XIX в. Ж. д. В.
   1914. 7.
Памяти декабристов. Сборник материалов. I. II. Л. 1926. См. «Атеней». 1926. 3.
Плеханов, Г. В. В. Г. Белинский. М. 1923.
— П. А. Чаадаев. См. его «От обороны к нападению». М.
— 14 декабря 1925 г. М.—Л. 1926 г.
Покровский, М. Н. Декабристы. М. 1927.
— Из истории общественного движения в России начала XIX в. М. Гв. 1923. 4—5.
— 14 декабря 1925 г. И. 1926. 1.
Полное собрание сочинений В. Г. Белинского. Спб. 1901. См. Литературные
   мечтания. Горе от ума.
Полное собрание сочинений Д. В. Веневитинова. Спб. 1862. Стр. 225—226.
Пресняков, А. Е. 14 декабря 1825 г. М.—Л. 1926.
Пушкин, А. С. Евгений Онегин. Роман в стихах. Спб. 1825.
— Отрывки из романа в лицах.
Пыпин, А. Н. Белинский, его жизнь и переписка. 1908.
— Библейская секта двадцатых годов. В. Е. 1871. 3.
— Времена реакции 1820—1830 гг. В. Е. 1869. 11. 12.
— Общественное движение в России при Александре I. П. 1918.

Пыпин, А. Н. Религиозные движения при Александре I. Спб. 1916.
— Российское Библейское Общество 1812—1826 гг. В. Е. 1868. 8. 9. 11. 12.
Рейснер, Лариса. Князь Сергей Петрович Трубецкой. П. 1926. 1.
Рожков, Н. Двенадцатый год и его влияние на современное ему русское общество. С. М. 1912. 7.
— Декабристы. См. «Русское прошлое». Исторический сборник под редакцией С. Ф. Платонова и др. № 1. П. 1923.
— Развитие экономических и социальных отношений в России XIX века. См. его Исторические и социологические очерки. Ч. I. М. 1906.
— Тридцатые годы. С. М. 1916. 12.
Сакулин, П. Из истории русского идеализма. Кн. В. Ф. Одоевский. Ч. I и II. 1913.
— Русская литература и социализм. М. 1922.
Свербеев, Д. Н. Записки 1799—1826. Т. I и II. М. 1899.
Селиванов, Вл. Декабристы. 1825—1925. Систематический указатель русской литературы. Л. 1925.
Семевский, В. И. Декабристы-масоны. М. Г. 1908. 2. 3. 5—6.
— Политические и общественные идеи декабристов. Спб. 1909.
Сиповский, В. В. Татьяна, Онегин и Ленский. Р. С. 1899. 4. 5.
Скабичевский, А. Граф Л. Толстой, как художник и мыслитель. («Война и Мир»). О. З. 1878. 8. 9.
Сказин, Е. В. К библиографии восстания 14 декабря 1825 г. В. С. А. 1925. 10.
Студенкин, Г. И. Высылка из России членов «Общества свиней» в 1824 г. Р. С. 1881. XXX. XXXI.
Тайные общества в России в начале XIX столетия. М. 1926.
Татаров, И. Л. Из истории буржуазных тенденций в начале XIX в. (Н. И. Тургенев). (Доклад в «Научном Обществе Марксистов». Петроград, 27 мая 1923 г.).
Терновский, Ф. Русские мистики-иллюминаты. Д. Бес. 1863. Т. XIX. № 50.
Толстой, Л. Н. Война и мир. М. 1868—69 гг.
— Декабристы. М. 1925.
Тургеневский, Н. И. Россия и русские. М. 1907. 1915.
Фигнер, В. Н. Жены декабристов. М. 1925.
Хин. Жены декабристов. И. В. 1884. 12.
Чаадаев, П. Философические письма. Казань. 1906.
Ченцов, Н. М. Юбилейная литература о декабристах 1924—1926 г.г. В. С. А. 1926 16. 18. 1927. 19.
Шашков, С. Движение русской общественной мысли в начале XIX в. Дело. 1871. 5—7.
— Эпоха Белинского. Дело. 1877. 1—8.
Шебунин, А. Н. Из истории дворянских настроений 20-х годов XIX в. Борьба Классов. 1924. 1—2.
— Общественные и политические взгляды Н. И. Тургенева в Александровскую эпоху. Сов. 1913. 5. 6.
Шишков, А. С. Записки. М. 1869. Берлин. 1870.
Штрайх, С. Я. Провокация среди декабристов. М. 1925.
Шувалов, С. В. М. Ю. Лермонтов в воспоминаниях современников и в их переписке. М. 1923.
Щеголев, П. Е. Декабристы. М.—Л. 1926.
— Первый декабрист В. Ф. Раевский. Спб. 1909.
— Вл. Раевский и его время. В. Е. 1903. 6.
Якушкин, В. Е. Декабристы. Кто они были и чего хотели? М. 1917.

IV. СОРОКОВЫЕ И ПЯТИДЕСЯТЫЕ ГОДЫ

Ахшарумов, Д. Из моих воспоминаний. Спб. 1906.
Белозерский, Н. Герцен и молодое поколение. В. В. II. 1901. 2.
— Славянофилы, западники и Герцен. В. Е. 1898. 11.
Бешкин, Г. Литература о «петрашевцах». В. С. А. 1923. 6.
Богданович, А. Первый революционный кружок Николаевской эпохи. (Петрашевцы). Спб. 1917.

2*

Богучарский, В. Три западника 40-х годов. (Чаадаев, Белинский, Герцен). Спб. 1902.

Бор-ин, Мих. Происхождение славянофильства. Спб. 1891.

В-н, А. Люди 40-х гг. В. Е. 1891. 4.

Василевский, И. (Не-Буква). Психология «обманутых». Н. 1923. 365.

Ветринский, В. Т. Н. Грановский и его время. М. 1897.

Галахов, А. Д. Сороковые годы. И. В. 1892. 1—2.

Герцен, А. И. Дневник. 1842—1845 гг.

— Кто виноват? Роман в 2 ч. (Впервые в «Отечественных Записках». 1845. 43 т.).

— С того берега. Лейпциг. 1858.

Гоголь, Н. В. Похождения Чичикова или Мертвые души. Часть вторая. (Интеллигент Тентетников). (Впервые напечатано в 1842).

Головин, Ив. Молодая Россия. 1859.

Гончаров, И. А. На родине. В. Е. 1888. 1. 2.

— Обломов. Роман. (Впервые напечатан в 1859 г.).

Григорьев, А. Один из многих. Рассказ в трех эпизодах. (Впервые напечатан в ж. «Репертуар и Пантеон». 1846).

— Человек будущего. Рассказ без начала и без конца, а в особенности без «морали». (Впервые напечатан в ж. «Репертуар и Пантеон». 1845).

Гроссман, Леонид. Вторник у Каролины Павловой. Сцены из жизни Московских литературных салонов 40-х годов. М. 1922.

Грузинский, А. К истории «Записок охотника» Тургенева. С. 1903. 7.

Добролюбов, Н. А. Что такое обломовщина? См. Сочинения. 1-ое изд. 1862.

Замотин, И. 40-е и 60-е годы. Очерки по истории русской литературы XIX столетия. 2-ое издание. П. 1915.

Заозерский, Н. Тургеневские женщины. Чтения по русской литературе. М. 1914.

Зотов, Р. Петербург в 40-х гг. И. В. 1890. 6.

Иванов, И. Идеи и люди сороковых годов. М. Б. 1892. 9.

Корнилов, А. А. Общественное движение при Александре II. (1855—1881). М. 1909. Есть и парижское издание 1905 года.

Кузминская, Т. А. Воспоминания 1846—1862 гг. М. 1926.

Левин, К. Национализм и социализм Герцена. Пр. 1912. 5—7.

Лейкин, В. Петрашевцы. М. 1924.

Ленин, В. И. Памяти Герцена. См. его «Памятки». М. 1923.

Линицкий, П. Славянофильство и либерализм. Киев. 1882.

Львов-Рогачевский, В. И. С. Тургенев. М.—Л. 1926.

Люди сороковых годов и отношение к ним Писемского. О. З. 1863. 11.

М. С. Славянофильство и либерализм. В. Е. 1884. 10.

М-ва, Н. Из воспоминаний старой идеалистки. В. Е. 1900. 11.

— Культурная деятельность Герцена в провинции. Рус. М. 1900. 2.

Матвеев, П. Тургенев и славянофилы. Р. С. 1904. 4.

Медведский, К. П. Люди сороковых годов. Тр. 1893. 2.

Миллер. Основы учения славянофилов. Рус. М. 1880. 1—3.

Нелидов, Ф. Ф. Жизнь русского интеллигента германо-поклонения. См. его «Очерки по истории новейшей русской литературы». Ч. 1. М. 1906.

Никитенко, А. В. Записки и дневник 1826—1877 гг. Спб. 1904.

Огарева-Тучкова, Н. А. Воспоминания. 1848—1870. М. 1903.

Овсянико-Куликовский, Д. Н. А. И. Герцен. Спб. 1908.

— Этюды о творчестве И. С. Тургенева. 1904.

Пальм, А. И. (Альминский). Алексей Слободин. Семейная история из времен петрашевцев. Спб. 1881.

Писарев, Д. И. Наша университетская наука. См. его «Собрание сочинений». Т. 3. Спб. 1897.

Пассек, Т. Из дальних лет. Воспоминания. Т. I—III. Спб. 1905—1906.

Письма Аксаковых к Тургеневу с пояснениями акад. Л. Н. Майкова. 1852—1857 гг. В. Е. 1894. 1. 2. Р. О. 1894. 8. 9. Л. В. 1903. 5.

Письма Я. П. Полонского к Н. М. Орлову, сыну декабриста. (1842—1857). См. Новые Пропилеи. Под. ред. М. О. Гершензона. Том. 1. М.—П. 1923.

Пичета, В. Первые русские социалисты. М. 1917.

Плеханов, Г. В. О книге Гершензона «Жизнь В. Печорина». С. М. 1910. 7.
— О книге И. В. Киреевского «Полное собрание сочинений в двух томах» под ред. Гершензона. С. М. 1911. 4.
— Погодин и борьба классов. С. М. 1911. 3. 4.
— «Русский мыслитель А. Хомяков». С. М. 1912. 7.
Погодин, М. А. И. Герцен. Заря. 1870. 2.
Полное собрание сочинений А. Ф. Писемского. 1895. Т. VI. По поводу сочинений Н. В. Гоголя.
Попельницкий, А. З. и Соловьев, А. Н. Из общественных настроений Московского студенчества в 1858 г. Г. М. 1915. 9.
Протопопов, М. Из истории нашей общественности. Рус. М. 1893. 6. 7.
Реформатская. Люди слова и дела. М. 1906.
Рязанов, Д. Карл Маркс и люди 40-х годов. П. 1918.
Семевский, В. И. М. В. Буташевич-Петрашевский и петрашевцы. М. 1922.
— Из истории общественных идей в России в конце 1840-х гг. М. 1917.
— Петрашевцы. Г. М. 1915. 11—12.
— Пропаганда петрашевцев в учебных заведениях. Г. М. 1917. 2.
— М. Е. Салтыков-петрашевец. Р. З. 1917. 1.
Станкевич, А. Т. Н. Грановский и его время. М. 1897.
Стеклов, Ю. М. А. Бакунин в сороковые годы. К. А. 1926. 1.
Стоюнин, В. Консерваторы 40-х годов. И. В. 1882. 1.
Творчество Тургенева. М. 1920.
Тургенев, И. С. Дворянское гнездо. Роман. (Впервые напечатан в «Современнике». 1859. 1).
— Рудин. Повесть. (Впервые в «Современнике». 1856. 1. 2).
Успенский, Н. В. Из прошлого. (50-е гг.) М. 1889.
Филиппов, И. Неумирающие темы. Одесса. 1913.
Цебрикова, М. Гуманный защитник женских прав. («Люди сороковых годов», ром. Писемского). О. З. 1870. 2.
Чадов, М. Д. Славянофилы и народное представительство. Харьков. 1906.
Чернышев, К. Лишние люди и женские типы в романах и повестях И. Тургенева. Спб. 1913.
Чернышевский, Н. Г. Очерки Гоголевского периода русской литературы. Спб. 1892.
— Русский человек на rendez-vous. См. его «Критические статьи». Спб. 1893.
Шелгунова, Л. П. Из далекого прошлого. (50-е гг.). Спб. 1901.
Шеллер, А. По поводу романа Искандера «Кто виноват?» Р. С. 1865. 12.
Штакеншнейдер, Е. А. Из дневника (1856). Р. А. 1893. 2.
— Из записок (1858—1860). Р. В. 1901. 5. 7. 8. 10.
Щеголев, П. Е. Петрашевцы в воспоминаниях современников. М.—Л. 1926.

V. ШЕСТИДЕСЯТЫЕ ГОДЫ

Авенариус, В. Поветрие. Повесть. (Впервые напечатана в ж. «Всемирный Труд».1867).
— Несколько пояснительных слов к повести «Поветрие» от автора ее. В. Тр. 1867. 4.
Аверкиев, Д. В. Университетские отцы и дети. Э. 1864. 1—3.
Анненская, А. Из прошлых лет. Р. Б. 1913. 1.
Ан-ский. «В двадцать лет». (Из жизни «мыслящего пролетариата»). Кн. Н. 1893. 12.
Анненский, Н. О шестидесятых годах и журналистика того времени. Р. Б. 1908. 16.
Антонович, М. Асмодей нашего времени. Сов. 1862. 3.
Арсеньев, К. К. Из далеких воспоминаний. Г. М. 1913. 1.
— М. Е. Салтыков-Щедрин. Спб. 1906.
Ашевский, С. Русское студенчество в эпоху шестидесятых годов. (1855—1863). С. М. 1907. 6. 8. 9. 10. 11.
Базаров, В. Из истории просветительства. Пр. 1904. 6—8.
Батуринский, В. П. А. И. Герцен, его друзья и знакомые. Спб. 1904.
Безобразов, В. Наши охранители и наши прогрессисты. Р. В. 1869. 10.
Белоголовый, Н. А. Воспоминания и другие статьи. М. 1897. Спб. 4-ое изд. 1901. Спб. 1906.
Берви, В. В. Воспоминания. Г. М. 1915. 2—4. 6—9. 1916. 1—2. 5—6.

Берви, Е. И. Из моих воспоминаний. Г. М. 1915. 5—9.

Берлин, П. Крепостная интеллигенция. В. В. 1911. 2.

Благосветлов, Г. «О материалах для разоблачения материалистического нигилизма». Рус. С. 1864. 4.

Богучарский, В. Я. Из прошлого русского общества. Спб. 1904. См. Столкновение двух течений общественной мысли.

— Русское освободительное движение и война за освобождение Болгарии. Сов. 1911. 3.

Бунаков, Н. Ф. Записки. Моя жизнь в связи с общерусскою жизнью. (1837—1905). Спб. 1909.

Быков, П. В. Былые знакомые лица. Нов. С. 1913. 12. 1914. 2.

В-н, А. Писатель 60-х гг. В. Е. 1891. 5.

Ветринский, Ч. Литературное и общественное движение шестидесятых годов. См. История русской литературы XIX в. М. 1909—1912.

Вовчок, М. Записки причетника. О. З. 1869. 9—12. 1870. 10—12.

Водовозова, Е. Н. Из жизни людей 1860-х гг. Г. М. 1916. 4—8.

— На заре жизни. Спб. 1911.

— Среди петербургской молодежи 60-х гг. Сов. 1911. 3—4.

Волховский, Ф. Друзья среди врагов. Спб. 1906.

Гакстгаузен, А. Исследования внутренних отношений народной жизни и в особенности сельского управления в России. М. 1870.

Гамбаров, А. В спорах о Нечаеве. М. 1926.

Герцен, А. И. Еще раз Базаров. 1868.

Герценисты и раскольники. Д. Б. 1867. 6.

Гирс, Д. К. Старая и юная Россия. Роман. О. З. 1868. 3. 4.

Гливенко, И. И. Раскольников и Достоевский. П. и Р. 1926. 4.

Головин, К. Русский роман и русское общество. Спб. 1897.

Голубева, М. П. Воспоминания о П. Г. Зайчневском. П. Р. 1923. 18—19.

Гончаров, И. А. Обрыв. Роман. (Впервые в ж. «Вестник Европы». 1869).

Горшков, А. О романе «Обрыв». С. 1881. 3.

Григорьев, А. Русский общественник 60-х годов. П. и Ж. 1904. 1

Гроссман, Л. Исповедь одного еврея. М. 1924.

Гуревич, П. К характеристике реакции шестидесятых годов. См. сборник «О минувшем». 1909. Б. 1907. 1.

Джаншиев, Г. А. Эпоха великих реформ. М. 1900.

Добролюбов, Н. А. Когда же придет настоящий день? («Накануне» Тургенева). Сочинения. Т. III.

Долгово, К. Гордая воля. Дело. 1870. 5. 6.

— На новом пути. Роман. Дело. 1871. 1. 3. 5.

Достоевский, Ф. М. Бесы. Роман в 3-х частях. (Впервые в ж. «Русский Вестник». 1871. 1872).

— Преступление и наказание. Роман. (Впервые в ж. «Русский Вестник». 1866).

Дрей, М. Мстители или мечтатели. Каторга и Ссылка. 1926. XXIV (3).

Евгеньев-Максимов, В. Гончаров и его отношение к нигилизму. К. и Р. 1921. 1 (13).

— К характеристике общественного миросозерцания Гончарова в 60-х годах. Сев. З. 1916. 9.

— Народ и интеллигенция в творчестве Некрасова. Ж. д. В. 1913. 1.

— Народнические настроения и общественное миросозерцание Н. Некрасова. З. 1912. 9.

— Писарев и охранители. Г. М. 1919. 1—4.

Ешевский, С. Московский университет в 1861 г. Р. С. 1898. 6.

Засодимский, П. Из воспоминаний. Спб. 1908.

Златовратский, Н. В шестидесятых годах. В. Е. 1910. 9. 10.

Иванов-Разумник. Михайловский и интеллигенция. В. М. 1914. № от 29 января.

— Общественные и умственные течения 60-х гг. и их отражение в литературе. См. История русской литературы XIX в. М. 1909—1912.

Иванюков, И. И. Роль правительства, дворянства и литературы в крестьянской реформе. О. З. 1880. 9. 10. 12. 1881. 1—6.

Измайлов, А. А. Воинствующее плебейство. Литературные приложения к «Ниве». 1911. 12.

Историко-революционная хрестоматия. М. 1923.

Каменев, Ю. Либерализм, демократия и 19 февраля. М. 1911. 3—4.

Кельсиев, В. Пережитое и передуманное. (1866—68). Спб. 1868.

Клюшников, В. Марево. Роман в 4 ч. (Впервые в ж. «Русский Вестник». 1861).

Ковалевская, Софья. Нигилистка. М. 1906. 1926.

Козьмин, Б. П. Н. Ткачев и его роль в истории революционной мысли 60-х годов В. Т. 1922. 2 (17). Отдельное изд. М. 1922.

— П. Н. Ткачев и революционное движение 60-х годов. М. 1922.

Колосов, Е. За чтением Туна. Б. 1917. 5—6.

Комарович, В. Достоевский и шестидесятники. С. М. 1917. 1.

Коробка. Н. Опыт обзора истории русской литературы. Ч. III. Спб. 1907.

Короленко, В. Г. Гончаров и молодые поколение. Р. Б. 1912. 6.

— История моего современника. М. 1920.

Котляревский, Н. Из истории общественных настроений 60-х гг. В. Е. 1911. 11.

— Канун освобождения. Спб. 1916. Рецензия Н. Клевенского: Г. М. 1915. 4. 6.

Кранихфельд, В. Б. Десятилетие о среднем человеке. (Отношение Щедрина к основным тезисам народничества. Крестьянство, общество, буржуазия, пролетариат и интеллигенция в сатирах Щедрина). С. М. 1907. 11.

— Ник. Ал. Некрасов. М. Б. 1902. 12.

— М. Е. Салтыков (Н. Щедрин). М. Б. 1904.

Красноперов, И. Мои воспоминания. М. Б. 1896. 9—10. В. Е. 1905. 12. М. Г. 1908. 12.

Крестовский, В. Первая борьба. Из записок. О. З. 1869. 8. 9.

Кропоткин, П. Записки революционера. Спб. 1907—М. 1918.

Кудрин (Русанов). Н. Г. Чернышевский и Россия 60-х гг. Р. Б. 1905. 3.

Лавров, П. Л. Тургенев и развитие русского общества. (1860—1882). В. Н. Р. 1884. 2.

Лебедев, Д. П. Русское общество и нигилизм. И. В. 1881. 11.

Лемке, М. Наша лондонская эмиграция в оценке посла. Т. 1920. 1.

— Очерки освободительного движения «шестидесятых годов». Спб. 1908.

Лесков, Н. На ножах. Роман в 6-ти ч. (Впервые в ж. «Русский Вестник». 1870. 1871).

— Некуда. Роман. (Впервые в ж. «Библиотека для Чтения». 1864).

— Соборяне. Старогородская хроника в 5-ти ч. (Впервые в ж. «Русский Вестник». 1872).

Линд, В. Н. Воспоминания. Рус. М. 1916. 6—7.

Люди шестидесятых годов и отношение к ним Чернышевского. О. З. 1863. 11.

М. Так называемое Нечаевское дело и отношение к нему русской журналистики. О. З. 1871. 9.

Мечников, Л. Воспоминания. И. В. 1897. 3.

Мещерский, В. Воспоминания. 1850—1894 гг. Т. I и II. Спб. 1897—1898.

— Очерки нынешней общественной жизни в России. Спб. 1868.

Михайловский, Н. К. В перемежку. См. его Сочинения. Спб. 1879—1883. Т. III.

— Комментарии к «Бесам». О. З. 1873. 2. См. также его «Сочинения». Т. II. Спб. 1896—1897.

— Литературные воспоминания и современная смута. Спб. 1900.

Мицкевич, С. Русские якобинцы. П. Р. 1923. 18—19.

«Наш нигилизм и роман Тургенева и его критики». Р. В. 1862. 5. 7.

Неведенский. Катков и его время. Спб. 1888.

Никитин, В. Н. Воспоминания. С. 1906. 9.

Никитин, П. Гнилые корни. Дело. 1880. 2. 3.

Обручев, В. Из пережитого. В. Е. 1907. 5.

Ожигина, Л. Своим путем. (Из записок современной девушки). О. З. 1869. 3. 5—7.

Орловский, П. Добролюбов. Пр. 1912. 2.

Павлов, Н. Наше переходное время. М. 1888.

Пантелеев, Л. Ф. Из воспоминаний прошлого. Т. I и II. Спб. 1908—1909.

Пекарский, Э. Беллетристика Чернышевского. Р. Б. 1900. 10.

Пеликан, А. А. Во второй половине XIX века. Студенческие годы. Г. М. 1915. 1. 2.

Пиксанов, Н. Тургенев и 60-е годы. Три эпохи. 2-е издание. Спб. 1913.

— Тургенев и его время. М. 1922.

Пинкевич, А. Писарев. Л. 1923.

Писарев, Д. И. Мыслящий пролетариат. Рус. С. 1865. 1.

— Реалисты. Рус. С. 1864. 9. 10.

Писемский, А. Взбаламученное море. Роман в 6 ч. (Впервые в ж. Р. В. 1863).
— Тысяча душ. Спб. 1858.
Плеханов, Г. В. Добролюбов и Островский. Студия. 1911. 5—8.
— Н. Г. Чернышевский. Спб. 1910.
Покровский, М. Н. Общественные движения во 2-й пол. XIX в. См. его Русская история. Т. V, гл. XXIII.
Помяловский, Н. Г. Молотов. Повесть. (Впервые в ж. «Современник». 1861).
Прокламации шестидесятых годов. М.—Л. 1926.
Протасов, А. (Михайловский, Н. К.). Письма о русской интеллигенции. С. О. 1868. 6.
Протопопов, Н. Писарев. Р. Б. 1895. 1.
Пыпин, А. Н. Н. А. Некрасов. Спб. 1903.
— М. Е. Салтыков. Спб. 1899.
Рабочий, Дмитрий. В тисках. (Молодежь в царском подполье). Владимир. 1926.
Рапопорт, Илья. Русский бланкист—Сергей Геннадиевич Нечаев. (1847—1882). З. Н. О. М. 1923. 5 (1).
Сакулин, П. Исповедь разночинца. Г. М. 1913. 10.
— Социологическая сатира. В. В. 1914. 4.
Скабичевский, А. Новое время и старые боги. («Дым» Тургенева). О. З. 1868. 1.
— Д. И. Писарев, его критическая деятельность в связи с характером его умственного развития. О. З. 1869. 1. 3.
— Русское недомыслие. («Отцы и дети» Тургенева). О. З. 1868. 9.
— Старая правда. («Обрыв» Гончарова). О. З. 1869. 10.
Слепцов, В. Трудное время. Повесть. М. 1923 (Впервые в ж. «Современник». 1865).
Смирнов, И. Из старых воспоминаний. Памяти Л. Шишко. Сов. 1912. 7.
Соловьев-Андреевич. Беллетристика Чернышевского. Н. О. 1899.
— Д. И. Писарев, его жизнь и литературная деятельность. Спб. 1893.
— Д. И. Писарев. Берлин. 1922.
Сочинения Д. И. Писарева. Спб. 1901. Т. II. Базаров. Т. IV. Реалисты.
Спасович, В. За много лет. (1859—1871). Спб. 1872.
Спор о Бакунине и Достоевском. Статьи Л. П. Гроссмана и Вяч. Полонского. Л. 1926.
Стеклов, Ю. М. Борцы за социализм. Очерки из истории общественных и революционных движений в России. М. 1918.
— Михаил Александрович Бакунин. М. 1926.
Страхов, Н. Критические статьи об И. С. Тургеневе и Л. Н. Толстом. Спб. 1887.
Ткачев, П. Библиографический листок. Рус. С. 1865. 12. См. ст. Ф. Гинзбурга в следующем десятилетии.
Толстой, Л. Н. Зараженное семейство (Нигилист). Написано в 1864 г.
Тургенев, И. С. Дым. Повесть. (Впервые в «Русском Вестнике». 1867).
— Накануне. Повесть. (Впервые в «Русском Вестник». 1860).
— Отцы и дети. Повесть. (Впервые в ж. «Русский Вестник». 1862).
— По поводу «Отцов и детей». См. его Собрание сочинений. 1898. Т. XII.
Тухомицкий, В. Прототипы Базарова. Сборник «К правде». М. 1904.
Фирсов, Н. Из воспоминаний шестидесятника. П. В. 1915. 5—6.
Фомин, А. Г. Писатель-гражданин. И. В. 1908. 8. (Н. В. Шелгунов).
— Чернышевский и его значение в истории русской общественной мысли. И. В. 1907. 3. 5—6.
Фроленко, М. Из далекого прошлого. М. Г. 1908. 5—7.
Хартулари, К. Итоги прошлого. Спб. 1891.
Цеткович. Что делали в романе «Что делать?» Одесса. 1879.
Чернышевский, Н. Г. Что делать? Из рассказов о новых людях. Роман. (Впервые в ж. «Современник». 1863. 3—5).
Чешихин-Ветринский, В. С. Н. Г. Чернышевский. П.
Ш. Н. Люди сороковых и шестидесятых годов. Дело. 1869. 9. 10. 11. 12.
Шелгунов, Н. В. Борьба поколений. Дело. 1869. 3.
Шеллер, А. (Михайлов, А). Жизнь Щупова, его родных и знакомых. Автобиография. (Впервые в ж. «Современник». 1865).
Шишко, Л. Э. Общественное движение в шестидесятых и первой половине семидесятых годов. П. 1921.
Яковенко, В. Публицист трех десятилетий. Неделя. 1891. 3. (Н. В. Шелгунов).

Ясинский, Иер. Некрасов и молодежь 60-х годов. К. и Р. 1922 (1921). 2.
Ястребцов. О нашем нигилизме по поводу романа Тургенева. Р. В. 1862. 7.

VI. СЕМИДЕСЯТЫЕ ГОДЫ

Авсеенко, В. Г. Практический нигилизм. Р. В. 1873. 7.
Аничков, Е. и Княжнин, В. Дела и дни Добролюбова. Сов. 1911. 11.
Аптекман, О. Василий Васильевич Берви - Флеровский. Л. 1925.
— Записки семидесятника. С. М. 1913. 4. 1914. 6.
— Из воспоминаний землевольца. М. Г. 1908. 5—6.
— Московские революционные кружки. (70-е годы). См. Русское прошлое. Исторический сборник под ред. С. Ф. Платонова и др. Т. I. П. 1923.
— «Народная интеллигенция». Интеллигентское бессилие и герой тщетных ожиданий. См. его «Глеб Иванович Успенский». М. 1922.
— Общество «Земля и Воля» 70-х годов. Л. 1924.
Аргунов, А. Наши предшественники. П. 1917.
Ашкинази, М. И. С. Тургенев и террористы. М. Г. 1908. 8.
Батурин, Н. О наследстве «русских якобинцев». П. Р. 1924. 7.
Бельтов. За двадцать лет. Спб. 1906. См. Наши беллетристы народники.
Богданович, Т. А. Хождение в народ. П. 1917.
Богумил, А. Начальный период народничества в русской художественной литературе. К. У. И. 1908. 2.
Богучарский, В. Я. Активное народничество семидесятых годов. М. 1912.
— Из истории политической борьбы в 70 и 80-х гг. XIX в. М. 1912. Рецензия Г. В. Плеханова: С. М. 1912. 5.
Бржозовский, С. Зарево. Роман из эпохи народовольцев. М. 1923.
Булгаков, Ф. Оригинальное народничество. И. В. 1881. 6.
В-и. Галатов. Повесть. Рус. Р. 1879. 1.
В-и, А. Народники и народ. В. Е. 1891. 2. 1892. 10. 1893. 2. 1884. 1. 2. Ст. А. Пыпина.
Васильев, Н. В 70-е годы. М. Б. 1906. 6—7.
Васюков, С. И. В народ. И. В. 1902. 9. 10.
Введенский, А. Литературные характеристики. Гл. Успенский и Н. Златовратский. С. 1880. 7.
Витязев, П. П. Л. Лавров и Н. К. Михайловский. П. 1917.
— Чем обязана русская общественность П. Лаврову? Е. Ж. 1915. 2—3.
Водовозова, Е. Н. Из жизни людей 60-х и 70-х годов. См. ее «Грезы и действительность». М. 1918.
Ганжулевич, Т. Крестьянство в русской литературе XIX в. Спб. 1913.
Гарденин, Ю. Н. К. Михайловский. Р. Р. 1904. 42. 44. 45.
Гизетти, А. Идейные вожди народничества в 70-е годы. См. Книга для чтения по истории Нового времени. Т. V. М. 1917.
Гинзбург, Ф. Маркс о Ткачеве. См. сборник Группа «Освобождение Труда». № 4.
Горбачев, Г. Е. Социальные корни проповеди Достоевского. Борьба Классов. 1924. 1—2.
Горев, Б. П. Л. Лавров и утопический социализм. П З М. 1923. 6—7.
Дейч, Лев. За полвека. М. 1922.
— Наша эмиграция в 70-х гг. В. Е. 1913. 7. Отдельно издано в 1920. П.
— Н. А. Некрасов и семидесятники. П. Р. 1922. 3.
Демерт, Н. А. Наша современная литература и общество. О. З. 1872. 9. 10.
Достоевский, Ф. М. Дневник писателя за 1876.
Дрей, М. Опыт указателя литературы по истории партии Народной Воли. В. С. А. 1923. 5.
— Опыт библиографического указателя литературы по истории революционного движения 70-х годов. В. С. А. 1925. 10.
Дубов. Лето среди сельских рабочих. О. З. 1878. 7.
Дьяков, А. Кружковщина. (Из быта русских нигилистов). Спб. 1878.
Засодимский, П. Наше общественное недомыслие. С. 1870. 6.
— Хроника села Смурина. О. З. 1874. 8—10. 12.
Златовратский, Н. Золотые сердца. О. З. 1877. 4. 5. 8. 12.

Иванов, Г. (Успенский, Гл.). Больная совесть. О. З. 1873. 2. 4.
— Три письма. О. З. 1878. 3. 4.
Иванчин-Писарев, А. Глеб Ив. Успенский и революционеры 1870 гг. Б. 1907. 10.
— Из воспоминаний о «хождении в народ». Спб. 1914.
Игнатьев, И. Художественная литература и критика 70-х годов. См. История русской литературы XIX в. М. 1909—1912.
Кареев, Н. И. Историко-теоретические взгляды Чернышевского, Лаврова и Михайловского. Н. И. Ж. 1914. 1.
Клевенский, М. И. С. Тургенев и семидесятники. Г. М. 1914. 1. 1918. 7.
Книжник, Ив. Место П. Л. Лаврова в истории социализма. Звезда. 1925. 1.
Коварский, В. Михайловский и общественное движение 70-х гг. Спб. 1909.
Козьмин, Б. Ткачев и Лавров. (Столкновение двух течений русской революционной мысли 70-х годов). Воинствующий материалист. 1924. 1.
Колосов, Е. М. Бакунин и Н. Михайловский в старом народничестве. Г. М. 1913. 5. 6.
— С. Н. Кривенко, как представитель семидесятых годов. См. «Собрание сочинений С. Кривенко». Спб. 1911.
— Очерки мировоззрения Н. К. Михайловского. 1911.
Короленко, Вл. Глеб Успенский. См. его «Отошедшие». М. 1918. Также в ж. Р. Б. 1902.
Красносельский, А. И. Нравственность и общественность в учении Михайловского. Современные Записки. 1906. 1. Спб.
Кубиков, И. Виктор Обнорский и Степан Халтурин, как типы рабочей интеллигенции. Нов. М. 1922. 1.
Кущевский, И. А. Николай Негорев или благополучный россиянин. О. З. 1871. 1—4. Отдельно М. 1923.
П. Л. Лавров. П. 1922.
Лавров, Л. Исторические письма. Спб. 1870.
— Народники-пропагандисты. Спб. 1907.
— И. С. Тургенев и развитие русского общества. В. Н. В. 1884. 2.
Лесков, Н. Загадочный человек. Спб. 1871.
Листов, Л. Из памятной книжки народного учителя. О. З. 1880. 6. 1881. 8.
Майнов, И. И. (Саратовец). На закате народовольчества. Б. 1922. 20.
Мартов, Ю. Общественные и умственные течения 70-х гг. См. История русской литературы XIX в. М. 1909—1912.
— Общественные и умственные течения в России 1870—1905 гг. Л. 1924.
Мережковский, Д. Романтизм. П. 1917.
Метелицына. Год в батрачках. Рассказ. О. З. 1880. 5. 9.
Мещерский, В. Нигилизм. См. его «В улику времени». Спб. 1879.
Миллер, О. Об общественных типах в повестях Ив. С. Тургенева. Бес. 1871. 10.
Милюков, П. Н. Лавров. М. Б. 1900. 3.
Миртов, П. Формула прогресса Михайловского. О. З. 1870. 2. Есть изд. 1906.
Михайловский, Н. К. Жестокий талант. Собрание сочинений. Т. V. 1909.
— Записки профана. О. З. 1877. 2.
— Идеализм, идолопоклонство и реализм. Сочинения. Т. IV. Спб. 1897.
— Николай Васильевич Шелгунов. Сочинения. Т. V. Спб. 1896—1897.
— Что такое прогресс? О. З. 1869. 2. 9. 11.
Мордовцев, Д. Л. Знамение времени. (Впервые в ж. «Всемирный Труд». 1869).
Морозов, Н. В начале жизни. М. 1907.
— Повести моей жизни. Т. 1—IV. М. 1916—1918.
Неведомский, Н. Михайловский. Р. Б. 1904. 2.
Незлобин, А. Кружковщина «наши лучшие люди — гордость нации» со ст. Автора: Нигилизм и литературное развитие. Изд. 2. Одесса. 1880.
Никитин, П. Мужик в салонах современной беллетристики. Дело. 1879. 3. 6—9.
— Уравновешенные души. Дело. 1877. 2—4.
Ольминский, М. Золотой век народничества и марксизма. См. его «Из прошлого». М. 1919.
Омулевский. Шаг за шагом. (Светлов). (Впервые в ж. «Дело». 1870).
Осипович, А. Карьера. О. З. 1880. 5.
— Эпизод из жизни ни павы, ни вороны. О. З. 1877. 6.

П. Б. Тургенев и Достоевский. Р. А. 1902. 9.

Пиксанов, Н. К. В народ! Русское революционное народничество сорок лет назад. Спб. 1917.

Плеханов, Г. В. Неудачная история партии «Народная Воля» (по поводу книги Богучарского «Активное народничество»). С. М. 1912. 5.

— Русский рабочий в революционном движении. Спб 1921.

Погодин, Н. О модных у нас философских толках. (Для наших нигилистов и нигилисток). М. 1875.

Покровский, М. Н. Социализм 70-х годов. См. его «Русская история». Т. III. М. 1920.

Полонский, Вячеслав. Бакунин (из истории русской интеллигенции). Т. 1. Бакунин — романтик. М. 1922.

Прибылева-Корба, А. П. «Народная Воля». М. 1926.

Ранский, С. Апология личности в произведениях Михайловского. О. 1904. 4.

— Социология Михайловского. Спб. 1901.

Раппопорт, Х. Социальная философия Лаврова. Спб. 1906.

Русанов, Н. С. Идейные основы Народной Воли. Б. 1907. 9.

— Литературные воспоминания. Б. 1906. 12.

Садовников, Д. Н. Встречи с И. С. Тургеневым. См. Русское прошлое. Исторический сборник под ред. С. Ф. Платонова и др. 1. П. 1923.

Сапожников, П. Петр Лавров, как идеолог народничества. З. К. У. и. С. 1923. Т. 1, январь.

Серебряков, Е. Очерки по истории Земли и Воли. Спб. 1906.

Сидорацкий, В. П. Интеллигенции. Сборник запрещенных стихотворений разных авторов. Париж.

Слободжанин, М. Черты из жизни С. Н. Кривенко. К истории созидательного народничества семидесятых годов. М. Г. 1908. 3. 5—6.

Скабичевский, А. Беллетристы-народники. Спб. 1888.

— Волны русского прогресса. О. З. 1872. 1.

— Герои вечных ожиданий. О. З. 1871. 11.

— Из воспоминаний о пережитом. Р. Б. 1907. 6—8.

— Наша современная беззаветность. О. З. 1875. 10.

Слонимский, Л. Наши теоретики народничества. В. Е. 1892. 10. 1893. 2.

Смирнова, С. Соль земли. Роман. О. З. 1872. 1—5.

Соловьев, Евг. Семидесятые годы. Ж. 1899. 1—11.

Станюкович, К. М. Без исхода. Роман. (Впервые в ж. «Дело». 1873).

Степняк-Кравчинский, С. М. Андрей Кожухов. Роман. М. 1920.

— Домик на Волге. Повесть. П. 1917.

— Новообращенный. Драма в 4-х действиях. П. 1917.

Суворин, А. С. Очерки и картинки. Спб. 1875.

Троцкий, Л. От дворянства к разночинцу. См. Сочинения, т. XX. М.— Л. 1926.

Тургенев, И. С. Новь. Роман. (Впервые в ж. «Вестник Европы». 1877).

— Порог. См. Стихотворения в прозе. Также В. Е. 1882. 12.

Тургенев и Молодая Россия. (1878). Общее Дело. 1883. 56.

Тургенев и гр. Д. А. Толстой. Общее Дело. 1883. 56.

Успенский, Гл. Власть земли. (Впервые в ж. «Отечественные Записки». 1882).

— Крестьяне и крестьянский труд. Т. II. Спб. 1889—1891.

— Народная интеллигенция. «Интеллигентный» человек. Сочинения. Т. V. П. 1919.

Утин, Е. Гл. Успенский. В. Е. 1882. 1.

Фаресов, А. Один из «семидесятников». В. Е. 1904. 9.

— Семидесятники. Спб. 1905.

Фигнер, Вера. Запечатленный труд. М. 1922. См. еще ж. «Былое». 1906. 5. 2. 8.

— Студенческие годы. (1872—1876). М. 1924.

Филиппов, М. Теория критически-мыслящей личности. Н. О. 1900. 4.

Фриче, В. И. С. Тургенев и революционное движение. Т. 1918. 8.

Фроленко, М. Воспоминания о движении 70—80 гг. Сов. 1913. 11.

— Из далекого прошлого. 1872—1881. См. сборник «О минувшем». Спб. 1909.

Цебрикова, М. Псевдо-новая героиня. О. З. 1870. 5.

Чеважевский, В. Из прошлого студенческой жизни. (1870—1875). Р. С. 1912. 6—7.

Что читала интеллигенция в 70-х и 80-х годах. См. Каталог систематического чтения. (Составление приписывается П. Л. Лаврову.) Одесса. 1879—1883.

Чудновский, С. Из дальних лет. М. Г. 1908. 4—7.

Щелгунов, Н. В. Бесхарактерность нашей интеллигенции. Дело. 1873. 11. 12.
— Воспоминания. См. его Сочинения. Т. II. Спб.
— Из прошлого и настоящего. См. его Сочинения. Т. II. Юбилейный сборник Литературного Фонда. Спб. 1919. Г. М. 1918. 4—6.
— Неудавшаяся «Беседа» и задачи интеллигенции. Дело. 1871. 5.

Щелгунова, Л. П. Из далекого прошлого. Спб. 1900.

Шеллер, А. (Михайлов, А). Лес рубят — щепки летят. Роман. (Впервые в ж. «Дело». 1871).

Шишко, Л. К вопросу о роли интеллигенции в революционном движении. См. Собрание сочинений. Т. IV. П. 1918.
— К характеристике движения нач. 70-х гг. Р. Б. 1906. 10.
— С. М. Кравчинский и кружок чайковцев. П. 1918.
— Крестьянство и народническое движение. Сочинения. Т. IV. П. 1918.

Шрейдер, А. Очерки философии народничества. Берлин. 1923.

Щебальский, П. Наш умственный пролетариат. Р. В. 1871. 8.

Языков, Д. Горький смех — не легкий смех. Дело. 1876. 10. 11.
— Теперешняя интеллигенция. Дело. 1875. 10.

VII. ВОСЬМИДЕСЯТЫЕ ГОДЫ

Аксельрод-Ортодокс, Л. Л. Н. Толстой. М. 1922.
Амфитеатров, А. Восьмидесятники. Роман. Спб 1907—1908.
Антонович, М. Мистико-аскетический роман. Нов. О. 1881. 3.
Арсеньев, К. Русская общественная жизнь в сатире Салтыкова. В. Е. 1882. 1. 2. 1883. 1—5. См. также его «Критические этюды». Т. 1.
Атава, Сергей. Оскудение. Очерки, заметки и размышления тамбовского помещика. О. З. 1880. 1—12.
Ахшарумов, Д. В. Дневник писателя. 1885.
Б. Р. Л. Н. Толстой и «Толстовство» в конце восьмидесятых и начале девяностых годов. (Из личных воспоминаний). М. Г. 1908. 9.
Бах. Воспоминания народовольца. Б. 1907. 1—3.
Белинский, Максим. Всходы. Картины провинциальной жизни. О. З. 1882. 3.
— Греза. У. 1882. 5.
Бельчиков, Н. Ф. Достоевский и Победоносцев. К. А. 1922. 2.
Бирюков, П. Л. Толстой и интеллигентные земледельческие общины. Сев. З. 1913.
— Художественные произведения Л. Толстого, как отражение его мировоззрения. Сев. З. 1913. 8.
Блок, А. Л. Политическая литература в России и о России. Варшава. 8841.
Боборыкин, П. Д. Из новых. (Впервые в ж. «Вестник Европы». 1887).
— На ущербе. Роман. (Впервые в ж. «Вестник Европы». 1890).
— Поумнел. Повесть. (Впервые в ж. «Русская Мысль». 1890).
Брусянин, В. В Толстовской колонии. Н. Ж. 1911. 9.
Бузескул, В. Образы прошлого. А. 1922. 2.
В. В. Сословный характер исторической интеллигенции. См. его «Наши направления». 1893.
— Характер русской интеллигенции. См. его «Наши направления». 1893.
Венюков, М. И. Русское общество в царствование Александра II. Г. М. Париж. 2.
Вересаев, В. Без дороги. Повесть. 1895.
Вернер, И. Тип Кириллова. Новый Путь. 1903. 10—12.
Веселовский, Б. Б. Земские либералы. Т. Ж. 1908. 3.
Викторов, П. П. Первое открытое революционно-марксистское выступление в России. (1881 г.). П. Р. 1923. 18—19.
Войтоловский, Л. Идеалы общественности в произведениях Чехова. Пр. 1904. 12.
Ганжулевич, Т. Герцен и Достоевский в истории русского самосознания. Спб. 1907.
Геккер, Н. М. М. Стасюлевич и старый русский либерализм. Сов. 1911. 4.
— Наша юность. Воспоминания и характеристики. З. 1913. 7.
Гревс, И. М. В годы юности. Б. 1918. 12. 1921. 16.

Дейч, Л. У начала легенды. (Либерально-конституционное движение 70-х и нач. 80-х гг.). С. М. 1913. 11—12.

Достоевский, Ф. М. Братья Карамазовы. Роман. (Впервые напечатан в ж. «Русский Вестник». 1879. 1880. 1881).

Евгеньев-Максимов, В. Из журнальной деятельности М. Е. Салтыкова. П. и Р. 1926. 1.

Жебелев, С. Из университетских воспоминаний. А. 1922. 2.

Злинченко, К. Толстой и толстовцы. Нов. М. 1922. 1.

Иванов, С. К характеристике общественных настроений в России в нач. 80-х гг. Б. 1907. 9.

Иванович. Пришел, да не туда. Повесть. О. З. 1882. 4.

Иорданский, Н. Земский либерализм. М. 1905.

Исаев, А. Гр. Л. Толстой, как мыслитель. Спб. 1910.

Казанский, А. Что бы мог дать мужик культурному человеку. Р. Б. 1881. 8. 9.

Карсавин, Л. Федор Павлович Карамазов, как идеолог любви. Начала. 1921. 1.

Кизеветтер, А. А. Из воспоминаний восьмидесятника. Г. М. Париж. 1926. 1. 2.

Колосов, Е. Н. К. Михайловский в 80-х гг. См. № 9—10 ж. «Былое», изд. за границ.

Кольцов, И. В защиту интеллигенции. Дело. 1882. 4.

— Шатанье политической мысли. Дело. 1882. 3.

Кольцов, Д. Восьмидесятые годы. См. А. Тун. История революционных движений в России. П. 1918.

Кон, Ф. Воспоминания. М. 1921.

Короленко, В. Г. Чудная. М. 1923.

Кранихфельд, В. П. Литературные отклики. С. М. 1909. 2.

Кривенко, С. На распутьи. М. 1901. См. Культурные скиты и культурные одиночки.

Леонтьев, К. Наши новые христиане. Достоевский и Л. Н. Толстой. М. 1882.

Михайловский, Н. К. Записки современника. О. З. 1881. 10. 12. Сочинения. Т. V. Спб. 1897.

Модзалевский, Б. Достоевский о «Братьях Карамазовых». Б. 1919. 15.

Николадзе. Борцы по неволе. О. З. 1882. 8. 11.

Оболенский, Л. Г. Антонович о «Братьях Карамазовых». М. 1881. 2. 4.

Одна из наиболее удачных... утопий. (25 лет интеллигентской колонии «Криница»). Б. Л. и Ж. 1913. 17.

Осипович, А. Мечтатели. Рассказ. О. З. 1881. 8.

Письма А. И. Эртеля. М. 1909.

Плеханов, Г. Наши разногласия. Женева. 1885. См. II том Сочинений под ред. Д. Рязанова.

Побединский, Н. Г. Религиозно-нравственные идеи и типы в произведениях Достоевского. М. 1889.

Протопопов, М. А. Беллетрист-публицист. Рус. М. 1892. 11. 12.

Румий, В. Плеханов и террор. П. З. М. 1923. 6—7.

Русанов, Н. Михайловский и общественная жизнь России. Г. М. 1914. 2.

Сажин, М. П. Воспоминания. 1860—1880. М. 1925.

Салтыков, М. Е. Июльское веяние. О. З. 1882. 8.

Сергиевский, Н. А. Федосеевский кружок 1888—1889 гг. К. Л. 1923. 7.

Скабичевский, А. М. Первое 25-летие моих литературных мытарств. И. В. 1910. 1—4.

Степняк-Кравчинский. Подпольная Россия.

Сухотина, Т. Л. Друзья и гости Ясной Поляны.

Тан. Повести прошлой жизни. Р. Б. 1907. 9—10.

Тарич, Юрий. Святые безумцы. М. 1924.

Терешкович, А. Московская молодежь 1880 г. и С. Зубатов. М. Г. 1908. 5—6.

Тихомиров, Л. Конституционалисты в эпоху 1881 г. М. 1895.

— Начала и концы. Либералы и террористы. М. 1890.

Толстой, Л. Л. Первые толстовцы. П. Н. 1922. 537.

Толстой, Л. Н. Воскресение. (1899).

Торгашов, П. Записки народовольца. Г. М. 1914. 2.

Федоров, Д. Гр. Лорис-Меликов и Ф. Павленков. Г. М. 1919. 1—4.

Филиппов, М. Лев Толстой и его «Воскресение». Н. О. 1900. 6. 7.

Чехов, А. Иванов. Драма в четырех действиях. 1889.
— Моя жизнь. 1896.
— Скучная история. (Из записок старого человека). С. В. 1889. 11.
Шелгунов, Н. В. По поводу письма одного толстовца. См. его «Очерки русской жизни». Спб. 1895.
Шишко, Л. Историческая справка. Р. Р. 1904. 41.
Щербина. Задачи русской общественной жизни. Рус. М. 1881. 3.
Щетинин, Б. Михайловский и московское студенчество. И. В. 1914. 3.
Эртель, А. Записки степняка. Очерки и рассказы. В. Е. 1880. 1. 2. 3. 6. 9. 11. 1881. 2. 5. 7. 9. 12. 1882. 5. 9.
— Смена. Роман. Рус. М. 1891. 1—3. 5—7.
Юзов, И. (Каблиц). Интеллигенция и народ в общественной жизни России. Спб. 1885.
Ястров. Долгота жизни у разных интеллигентных профессий. Р. Б. 1886. 11.

VIII. ДЕВЯНОСТЫЕ ГОДЫ

Абрамов, Я. В. Малые и великие дела. Неделя. 1896. 7.
— Наша жизнь в произведениях Чехова. Неделя. 1898. 6.
Амфитеатров, А. Девятидесятники. Роман. Спб. 1911—1913.
Ангарский, Н. В. Вересаев и русская интеллигенция. И. 1925. 273.
Антонов, М. Евангелие русских социал-демократов.
Астров, В. «Экономисты», как предтечи меньшевиков. («Экономизм» и рабочее движение в России на пороге XX века). М. 1923.
Бельтов, Н. К вопросу о развитии монистического взгляда на историю. Ответ гг. Михайловскому, Карееву и комп. Спб. 1895.
Белявский, М. Л. От народничества к марксизму. Л. 1926.
Бердяев, Н. Субъективизм и индивидуализм в общественной философии. Спб. 1901.
Боборыкин, П. Д. Куда идти? Роман в двух частях. (Впервые в ж. В. Е. 1899. 1—4).
— Перевал. Роман. (Впервые в ж. «Вестник Европы». 1894).
— Тяга. Роман. (Впервые в ж. «Вестник Европы». 1898).
Богучарский, В. Что такое «земледельческие идеалы»? Нач. 1899. 3.
Брешковская, Ек. К случаю. Д. 1923. 295.
В. В. Наши направления. Спб. 1893.
— Оживление буржуазной тенденции среди русской интеллигенции. См. его «Наши направления». Спб. 1892.
— От семидесятых годов к девяностым. Спб. 1907.
— Производительные классы и интеллигенция в России. Нов. С. 1896, март.
Вересаев, В. Поветрие. 1897.
Вешнев, В. В. В. Вересаев в русской общественности. И. 1925. 279.
Войтоловский, Л. О Вересаеве. П. и Р. 1926. 1.
Говоров, К. Торжествующий разночинец. Наб. 1892. 5.
Горев, Б. Н. К. Михайловский и революция. П. и Р. 1924. 1.
Горн, В. Крестный отец. Д. 1923. 258.
Горький, М. Мой спутник. 1899.
Давыдов, И. Народничество и капитализм. Н. О. 1899. 6.
Дивильковский, А. Старое студенчество на службе революции. П. и Р. 1924. 3.
Доклад цензора Матвеева о сожженном марксистском сборнике. К. А. 1923. 4.
Евгеньев-Максимов, В. Из истории марксистской журналистики в России. Звезда. 1925. 3 (9).
Изгоев, А. Особая разновидность народничества. Нач. 1899. 3.
Измайлов, А. А. Чехов 1860—1904. М. 1916.
Ильин, Вл. За 12 лет. П. 1918.
— Экономические этюды. Спб. 1899.
— Экономическое содержание народничества и критика его в книге г. Струве. См. его «За 12 лет». П. 1918.
Короленко, Вл. Земля! Земля! См. Настроение интеллигенции. Народничество. Г. М. 1922. 1.

Кранихфельд, В. Б. Провозвестник русской буржуазной культуры. А. П. Эртель. С. М. 1909. 2.

Кривенко, С. По поводу культурных одиночек. Р. Б. 1893. 12.

Лавров, П. Л. Из рукописей 90-х годов.

Ленин, Н. Беседа с защитниками экономизма. Сочинения. Т. IV.

— Перлы народнического прожектерства. (Разбор взглядов С. Южакова). Сочинения. Т. II.

— Что такое «друзья народа» и как они воюют против социал-демократов. (Ответ на статьи «Русского Богатства» против марксистов). М. 1923.

— Экономическое содержание народничества и критика его в книге г. Струве. (Отражение марксизма в буржуазной литературе). М. 1923.

Львов-Рогачевский, В. Л. Девяностые годы и творчество Вересаева. Т. Ж. 1906. 7. Есть и отдельное изд. Спб. 1906.

— Писатель-интеллигент. (Вересаев). О. 1903. 2.

— Писатель-интеллигент. См. его «Новейшая русская литература». М. 1923.

М. М. Интеллигенция, как категория капиталистического строя. Казань. 1890.

Мартьянов, П. Цветы нашей интеллигенции. Спб. 1891.

Материалы к характеристике нашего хозяйственного развития. 1895.

Медведский, К. П. Современное русское миросозерцание и его отражение в литературе. Наб. 1892. 9.

Мельшин, Л. Переслащенное народолюбие. Р. Б. 1898. 10. 1899. 1.

Мережковский, Д. С. Суворин и Чехов. См. его «Было и будет». М. 1915.

Михайловский, Н. К. Об экономическом материализме. Р. Б. 1894. 1. Б. 1924. 23

Могилянский, Мих. В девяностые годы. Б. 1924. 23. 24.

Н. К. Помяловский и Горький. Спб. 1903.

Неведомский, М. Художник-интеллигент. Нач. 1899. 1—2.

Новицкий, А. Передвижники и их влияние на русское искусство. М. 1897.

Novus. Наши утописты. Нов. 1897. 6 (март).

Оболенский, Л. Е. Изложение и критика нео - марксизма. Спб. 1897.

— Народники и марксисты. И. В. 1899. 4.

— Новый раскол в нашей интеллигенции. Рус. М. 1895. 8. 9.

Перазич, В. Из воспоминаний. Житомир. (Движение среди учащейся молодежи в конце 90-х годов). К. Л. 1922. 5.

Плеханов, Г. В. Внутреннее обозрение. Соц. 1890. 1.

— Г-н Струве в роли критика Марксовой теории общественного развития. См. его «Критика наших критиков». Спб. 1906.

— Обоснование народничества в трудах г. Воронцова. См. его Собрание сочинений. Есть и отдельное издание.

— Рецензия на «Студенческий Вестник». См. Собрание сочинений. Т. IV.

Покровский, М. Н. Конец XIX века. См. его «Русская история». Т. IV. М. 1920.

Полянский, Валериан. Плеханов о Толстом. П. З. М. 1923. 6—7.

Португалов, Ю. В. К психологии русских литературных течений эпохи 1860—1890 гг. Оренбург. 1908.

Представляет ли интеллигенция общественный класс. Нов. С. 1896. 7.

Протопопов, М. А. Воинствующее народничество. Рус. М. 1893. 10.

— Из истории нашей общественности. Рус. М. 1893. 6. 7.

— Пропадающие силы. Рус. М. 1899. 5. 6.

Пругавин, А. Запросы народа и обязанности интеллигенции в области просвещения. Спб. 1895.

Рубакин, Н. А. Интеллигенция из народа. См. его «Этюды о русской читающей публике». Спб. 1895.

— Размагниченный интеллигент. Из частной переписки половины 90-х годов. См. сборник «На славном посту». Спб. 1901.

Рязанов, Д. Две правды. Народничество и марксизм. Очерк из истории русской интеллигенции. Спб 1906.

Саликовский, А. Современные течения общественной жизни. Р. Б. 1890. 11.

Санин, А. Народничество в прошлом и настоящем. Н. О. 1898. 2. 6. 1899. 3. 4 (ст. «Экономические иллюзии»).

Святловский, В. В. На заре Российской социал-демократии. Б. 1922. 19.

Сементковский, Р. Общественные мотивы современных беллетристов. II. В. 1895.3.
— Современная беллетристика и шестидесятые годы. II. В. 1892. 4.
Слонимский, Л. Наши направления в печати и обществе. В. Е. 1895. 10.
Струве, П. Критические заметки к вопросу об экономическом развитии России. Спб. 1894.
— Несколько слов по поводу статьи г. Оболенского «Новый раскол в нашей интеллигенции». Рус. М. 1896. 2.
Струмилло, Б. Старая гвардия. М.—Л. 1926.
Тихомиров, Л. А. Г. В. Плеханов и его друзья.
Утис (Плеханов, Г. В.) Несколько слов нашим противникам. (Материалы для истории цивилизации в русской литературе). См. «Материалы к характеристике нашего хозяйственного развития». 1895.
Филиппов, М. Письма о современной литературе. Н. О. 1901. 1.
Флиднер, М. А. Против народничества. Сборник по Ленину. Л.—М. 1925.
Чехов, А. П. Жена. Рассказ. (Впервые в «Северном Вестнике». 1892. 1).
— Дядя Ваня. Сцены из деревенской жизни в четырех действиях. 1897.
— Мужики. Рус. М. 1897. 4.
— Три сестры. Драма в четырех действиях. 1901.
Чешихин, В. Современное общество в произведениях Боборыкина и Чехова. Одесса. 1899.
Чириков, Е. В отставку. 1898.
— Инвалиды. 1897.
— Чужестранцы. 1899.
Шаповалов, А. По дороге к марксизму. Л. 1926.
Шелгунов, Н. По поводу теории «светлых явлений» и «бодрящих впечатлений». См. его «Очерки русской жизни». Спб. 1895.
— Что нужно для личного счастья и для заполнения промежутка между интеллигенцией и народом. См. его «Очерки русской жизни». Спб. 1895.
Энгельгардт, Н. Критика русского самосознания. Неделя. 1896. 1—3.
— Буковский интеллигентский поселок. Нов. С. 1895, декабрь. 1896, январь.
Юзов, И. (Каблиц). Основы народничества. Т. II. «Интеллигенция и народ в общественной жизни России». Спб. 1893.

IX. XX ВЕК. ДЕВЯТИСОТЫЕ ГОДЫ

Аграев, Г. Фракция «огарков». Р. Ш. 1907. 10.
Адамович, Ю. Представляет ли интеллигенция общественный класс? П. 1904. 5.
Айнзафт, С. Зубатовщина и Гапоновщина. М. 1922.
Аксельрод-Ортодокс. О «Проблемах идеализма». 1905.
Аксельрод, П. Интеллигенты и рабочие в нашей партии. Ис. 1904. 80.
Алексеев, С. А. Самодержавие и либералы в революцию 1905—1907 гг. М.—Л. 1925.
Андреев, Л. В темную даль. 1900.
— К звездам. 1906.
— Рассказ о семи повешенных. Спб. 1908.
— Савва. 1907.
— Сашка Жегулев. 1911.
— Тьма. Рассказ. 1907.
Андреевский, С. А. Книга о смерти. Т. I и II. Берлин. 1922.
Арнольди, Ф. К. К истории «лишних людей». Рус. М. 1902. 9.
Арсеньев, К. Призыв к покаянию. См. сборник «В защиту интеллигенции».
— Призыв к покаянию. (Сборник «Вехи»). В. Е. 1909. 5.
Арцыбашев, М. П. Санин. Роман. (Впервые напечатан в ж. «Современный Мир». 1907).
— Тени утра. 1906.
Ачадов. Третий элемент. (Служащие по найму в городских и земских учреждениях). М. 1906.
Бердяев, Н. Духовный кризис интеллигенции. Статьи по общественной и политической психологии. (1907—9 гг.). Спб. 1910.
— Новое религиозное сознание и общественность. 1907.

Бердяев, Н. Субъективизм и индивидуализм в общественной философии. 1901.
— Философская истина и интеллигентская правда. См. сборник «Вехи».
Берлин, П. Интеллигентная беднота. В. В. 1904. 5.
Бессалько, П. Катастрофа. Роман. П. 1918.
— К жизни. Повесть. П. 1919.
Бибик, А. К широкой дороге. 1914.
— На черной полосе. М. 1922.
Библиография «Вех». Алфавитный указатель книг, статей и заметок о «Вехах» с 23 марта 1909 г. по 15 февраля 1910 г. См. 5-е издание «Вех». М. 1910.
Бикерман, М. «Отщепенцы» в квадрате. См. сборник «В защиту интеллигенции».
Блок, Александр. Песня судьбы. Драматическая поэма (1908). П. 1919.
Боборыкин, П. Д. Побежденных — не судят. (В. Е. 1910).
— Подгнившие «вехи». См. сборник «В защиту интеллигенции».
— «Национальное лицо». См. сборник «По Вехам».
Богданов, А. Падение великого фетишизма. (Современный кризис идеологии). М. 1909.
Боголюбов, Н. Современный индивидуализм и «интеллигентное мещанство». В. и Р. 1908. XIX. XXI.
Боцяновский, Вл. Нечто о «трусливом интеллигенте». См. сборник «В защиту интеллигенции».
Булгаков, С. Н. Героизм и подвижничество. См. сборник «Вехи»
— Интеллигенция и религия. Рус. М. 1908. 3.
— Интеллигенция и религия (о противоречивости современного безрелигиозного мировоззрения). М 1908.
— От марксизма к идеализму. Спб. 1904.
Бунин, Ю. «Вехи». В. В. 1909. 10.
Бывалый. О старом и новом. Зар. 1901. 1.
В защиту интеллигенции. Сборник статей: К. Арсеньева, М. Бикермана, П. Боборыкина, Вл. Боцяновского, Н. Валентинова, Н. Геккера, И, Игнатова, Ник. Иорданского, Д. Левина, Ф. Мускаблита и Григ. Петрова. М. 1909.
Валентинов, Н. Наши клирики. См. сборник «В защиту интеллигенции».
Васильев, А. Почему мой знакомый спрятал свое «национальное лицо». См. сборник «По Вехам».
Васильев, П. К истории русских лишних людей. В. З. 1904. 9.
Вересаев, В. К жизни. Повесть. 1909.
— На повороте. Повесть. 1902.
Веселовский, Б. Идейные течения современного народничества. О. 1907. 1.
— Роль «третьего элемента» в земской агитации и самостоятельные выступления его в 1905 году. См. его «История земства». Т. III, гл. 33. Спб. 1911. Гл. 23: «Третий элемент» и его роль в земстве.
Вехи. Сборник статей о русской интеллигенции Н. А. Бердяева, С. Н. Булгакова, М. О. Гершензона, А. С. Изгоева, Б. А. Кистяковского, П. Б. Струве, С. Л. Франка. М. 1909.
Вехи. Сборник статей о русской интеллигенции. С приложением библиографии «Вех». Изд. 5-е. М. 1910. (В приложении за 1909 г. 196 статей, преимущественно газетных, и за 1910 г. — 22 статьи).
Вигдорчик, Н. Врачебное сословие и социализм. О. 1906. 12.
Винавер, М. Открытое письмо П. Б. Струве. См. сборник «По Вехам».
Владимир, Ж. Антисемитизм. См. сборник «По Вехам»
Войтоловский, Л. Текущий момент и текущая литература. (К психологии современных общественных настроений). Спб. 1908.
Волжский. Новая книга о русской интеллигенции. (Иванов-Разумник. «История русской общественной мысли»). Рус. М. 1907. 6.
Волынский, А. Борьба за идеализм. Спб. 1900.
Вольский, А. Ч. (Махаев). Умственный рабочий (3 части, Женева, 1904—1905, перепечатанное не вполне в Петербурге в издании В. Яковенко, 1906).
Вольский, З. Страничка из истории русской интеллигенции. В. З. 1904. 1. 2.
Вельценбург, О. Библиографический путеводитель по революции 1905 года. Л. 1925.
Вранов, М. На чужбине. С. М. 1914. 6.
Выдрин, Р. Основные элементы в истории студенчества в России. М. 1908.
Гапон. Г. Исповедь моей жизни. Л. 1926.

Геккер, Н. Реакционная проповедь. См. сборник «В защиту интеллигенции».

Генкин, И. По тюрьмам и этапам. П. 1922.

Гершензон, М. О. Творческое самосознание. См. сборник «Вехи».

Гиппиус, З. Маковый цвет. 1908.

Глинский, Б. Развенчанный герой революции 1905 г. Г. С. Хрусталев-Носарь. И. В. 1913. 6—12.

Голубев, В. Интеллигентская обособленность. См. сборник «По Вехам» и газету «Слово». 1909. 720.

— К полемике о национализме. См. сборник «По Вехам».

— «Обман и лицемерие» или «реакционность». См. сборник «По Вехам».

— О монополии на патриотизм. См. сборник «По Вехам».

— Поворот. См. сборник «По Вехам».

— Соглашение, а не слияние. См. сборник «По Вехам».

Гольдберг, Г. Капитал, интеллигенция и политика. С. М. 1909. 1.

Горн, Вл., Череванин, Н., Мечъ, В. Общественные силы и их борьба в русской революции. М. 1907.

Горький, М. Дачники. Драма. 1904.

— Дети солнца. Драма. 1905.

— Л. Б. Красин. Из воспоминаний. И. 1926. 294.

— Мать. Роман. 1907—1908. См. Труженик. 1908. 8. Письмо рабочих.

— Мещане. Драма. Спб. 1901.

Гуковский. Новые веяния и настроения. 1902.

Д. П. Русская интеллигенция и крестьянство. М. 1906.

Дан. Закон «беззакония». («Конь бледный», повесть Ропшина). В. 1909. 5—6. 7—8.

— Руководство к куроводству. («Вехи», сборник статей о русской интеллигенции). В. 1909. 9—12.

— Современная политическая эмиграция. Н. Ж. 1911. 2.

Дейч, Л. За рубежом. В. Е. 1912. 8.

Демократы на распутьи. Ис. 1904. 77.

Деренталь, А. В темную даль. Р. Б. 1907. 9. 10. 11.

Дмитриева, В. Червонный хутор. Роман. (Впервые в ж. «Вестник Европы». 1900).

Добрынин, Б. В. Задачи современной интеллигенции. Спб. 1908.

Е. К. Национализм и патриотизм. См. сборник «По Вехам».

— Сумерки. См. сборник «По Вехам».

Елпатьевский, С. Люди нашего круга. Р. Б. 1907. 9.

— По поводу разговоров о русской интеллигенции. Р. Б. 1905. 3.

Ерманский, А. Крупная буржуазия до 1905 года. См. «Общественное движение в России в первую половину XIX в.» Т. I. Спб. 1911. Т. II: «Крупная буржуазия после революции 1905 года».

Жаботинский, Вл. Странное явление. См. его «Фельетоны». Берлин. 1922.

— Четыре статьи о «Чириковском инциденте». См. его «Фельетоны». Берлин. 1922.

Жилкин, И. У старообрядцев. См. сборник «По Вехам».

Зайцев, Б. Изгнание. В. Е. 1911.

Зайцев, Д. Марксизм и махаевщина. О. 1908. 3.

Заседание Исторической комиссии О. Р. Т. З. (Москва) о сборнике «Вехи». См. сборник «В защиту интеллигенции».

Заседание рел.-фил. О-ва (Петербург) с докладами Д. С. Мережковского и Д. В. Философова о сборнике «Вехи». См. сборник «В защиту интеллигенции».

Засулич, В. Несколько критических замечаний по адресу некоторых прекрасных душ. Зар. 1901. 2—3. 4.

— Революционное студенчество. Ис. 1904. 59.

Зеленко, В. А. Из пережитого. (Воспоминания о революционной деятельности учительства. 1905—1907). Д. и Д. 1922. 3

Знаменский, Н. «Третий элемент». М. В. 1901. 279.

Зорина, В. Рабочий класс и интеллигенция. Спб. 1906.

Иванович, В. Гибнущие силы. Р. Б. 1904. 10.

Иванов-Разумник. Об интеллигенции. Что такое махаевщина? Кающиеся разночинцы. Спб. 1910.

— Что такое махаевщина. К вопросу об интеллигенции. Спб. 1908. (Возражение на книги Вольского и Лозинского).

Игнатов, И. Интеллигенция на скамье подсудимых. См. сборник «В защиту интеллигенции».

Изгоев, А. С. Интеллигенция и «Вехи». См. А. С. Изгоев. Русское общество и революция. М. 1910.
— Интеллигенция, как социальная группа. О. 1904. 1.
— Ликвидация. Рус. М. 1908. 1.
— Об интеллигентной молодежи. См. сборник «Вехи». См. также А. С. Изгоев. Русское общество и революция. М. 1910.

Иорданский, Н. Бесплодный пессимизм. С. М. 1909. 11.
— Вопросы текущей жизни. (Кризис интеллигенции). С. М. 1908. 2.
— Творцы нового шума. См. сборник «В защиту интеллигенции».
— Творцы нового шума. (Сборник «Вехи»). С. М. 1909. 5.

Итоги «земского парламента». Ис. 1904. 78.

К вопросу о роли народных учителей в социально-революционном движении. Р. Р. 1904. 40.

Каменев, Л. Б. Вехисты. См. его «Между двумя революциями». М. 1923.
— О романе Ропшина — Савинкова. См. его «Между двумя революциями». М. 1923.

Катаев, Н. Русские интеллигенты. Спб. 1902.

Кеннан, Дж. Сибирь и ссылка. Спб. 1906.

Кизеветтер, А. А. Партия Народной Свободы и ее идеология. М. 1917.

Кизеветтер, Ал. и Лурье, С. О сборнике «Вехи». Рус. М. 1909. 5.

Кистяковский, Б. А. В защиту права. См. сборник «Вехи».

Клейнборт, Л. Политическая эмиграция прежде и теперь. С. М. 1909. 11.
— «Политические» прежде и теперь. О. 1908. 7.

Ковалевский, М. М. Грехи интеллигенции. З. Ж. 1909. 1.

Коган, П. Интеллигентные женщины в рассказах А. Крандиевской «То было раннею весной». О. 1900. 2.

Колтоновская, Е. Самоценность жизни. (Эволюция в интеллигентской психологии). О. 1909. 5.

Кольцов, Д. Кающиеся интеллигенты. В. 1909. 5—6. 7—8.

Комков, В. Современная политическая эмиграция. О. 1908. 12.

Крайний, Антон. Добрый хаос. (О разброде и упадке). О. 1908. 7.

Кранихфельд, В. Бард русской интеллигенции. (Чириков). С. М. 1911. 12.

Крыленко, Н. Исторический момент. (Эпизод из истории русской интеллигенции). О. 1906. 7.

Н-ъ, С. «Третьи лица» в земстве и ст. 107. Рус. М. 1901. 9.

Л. М. Пролетарии и интеллигенты в русской социальдемократии. Ис. 1904. 69 (приложение).

Ларский, И. Завоевание культуры. О. 1908. 1.
— Интеллигенция и культурная работа. С. М. 1908. 2.
— Стилизованная интеллигенция. С. М. 1908. 12.

Левин, Д. Мольеровские врачи. См. сборник «В защиту интеллигенции».
— Наброски. I. II. См. сборник «По Вехам».

Ленин, В. И. Веховцы и национализм. Сочинения. Т. XIX, стр. 23—25; т. XI, ч. 2.
— Задачи революционной интеллигенции. Студент. 1903. 1. 3. (Эта статья, напечатанная на мимеографе, имеется в Институте В. И. Ленина).
— Соловья баснями не кормят. Вп. 1905. 2.
— Л. Н. Толстой. См. его «Памятки». М. 1923.
— Лев Толстой, как зеркало русской революции. См. его «Памятки». М. 1923. См. также в «Собрании сочинений».

Лисенко, С. Один из «крепких земле». (Крестьянская интеллигенция). Рус. М. 1909. 1.

Лозинский, Евг. Что же такое, наконец, интеллигенция. Спб. 1907.

Лурье, С. Жизнь и идеи. (Ответ С. Л. Франку). Рус. М. 1909. 7.
— О сборнике «Вехи». Рус. М. 1909. 5.

Маковский, С. Что такое русское декаденство. О. 1905. 9.

Максимов, А. Чем дальше в лес, тем больше дров. См. сборник «По Вехам».

Малиновский, И., проф. Печальная страница из истории русской интеллигенции. (Ответ «Вехам»). Спб. 1910.

Мартов, Л. О современных задачах русской социалистической интеллигенции. Зар. 1901. 2—3.

Мережковский, Д. Семь смиренных. См. его «Больная Россия». 1910.

— Декаденство и общественность. Весы. 1906. 5.

Меч, В. Либеральная и демократическая буржуазия. М. 1907.

Милорадович, К. М. «Вехи». Ж. М. Н. П. 1909. 8.

Милюков, П. Национализм против национализма, См. сборник «По Вехам».

— «Отталкивание» или «притяжение». См. сборник «По Вехам».

— Эпилог. П. Н. 1921. 435. 436. 437.

Минский, Н. Интеллигенция и мещанство. См. его «На общественные темы». 1909.

— Народ и интеллигенция. Рус. М. 1909. 9. 10.

— Национальный лик и патриотизм. См. сборник «По Вехам».

— Хаос. (Пьеса из времен первой революции).

Могилянский, М. Национальное самосознание и патриотизм. См. сборник «По Вехам».

Мокиевский, П. Характеристики современных течений (Николай Бердяев — Новое религиозное сознание и общественность. Спб. 1908). Р. Б. 1908. 2.

Молотов, А. Молодежь и 1905 г. Харьковъ. 1925. Ст. В. И. Ленина.

Мороховец, Е. А. Крестьянское движение и социал-демократия в эпоху первой русской революции. М.—Л. 1926.

Мудрые птицы. Ис. 1904. 62.

Мускаблит, Ф. «Мертвая зыбь». См. сборник «В защиту интеллигенции».

— У «разбитого корыта». (Вместо предисловия). См. сборник «По Вехам».

Национальный вопрос и революция. Р. Р. 1903. 35. 36 (ст. Ек. Брешковской). 43.

Невзоров, Ю. Социаль-демократия, как носительница национального освобождения. Зар. 1901. 2—3.

Немирович-Данченко, Вас. Бодрые-смелые-сильные. Из летописей освободительного движения. М. 1907.

«Новая Жизнь». Первая легальная с.-д. большевистская газета. Переизданы все 28 №№. Л. 1925.

О «Вехах» газеты: «Голос Москвы». 1909. 85. «Новое Время». 1909. 11894. «Новое Время». 1909 № от 27 апреля. Статья В. Розанова. «Речь». 1909. 112. Статья Д. Мережковского. «Слово». 1909. 768. 771. 778. 779. 788.

О хороших демонстрациях пролетариев и плохих рассуждениях некоторых интеллигентов. Вп. 1905. 1. Ст. В. И. Ленина.

От народничества к марксизму. Вп. 1905. 3.

Общественное движение в России в начале XX в. Т. I—V. Спб. 1909—1914.

Оленин, Р. Крестьяне и интеллигенция. (К характеристике освободительного движения в Малороссии). Р. Б. 1907. 1. 2.

Оленов, М. Идеология русского буржуа. (О старом и новом либерализме). Спб. 1906.

Олигер, Н. На аванпостах. Спб. 1905. См. также Любовь. Рабочий.

Ом-бер. К «Вехам». Из современных настроений в области философии истории. Киев. 1910.

Орловский, П. Базаров и Санин. Два нигилизма. См. сборник «Литературный распад». Кн. 2.

— «Метущиеся» и «мечущиеся». (О русской интеллигенции). О. 1906. 4.

Ортодокс. Почему мы не хотим идти назад? Зар. 1901. 2—3.

Очерки реалистического миросозерцания. Спб. 1904.

Панкратов, В. Возврат к жизни. Г. М. 1917. 7—8.

Петрищев, А. Без руля и без ветрил. Р. Б. 1906. 7 (сентябрь).

— На разных языках. (Интеллигенция и народ). Р. Б. 1906. декабрь.

— Противотеченцы. Р. Б. 1907. 8.

Петров, Григорий. Обвиненные судьи. I. Бей, но выслушай. II. Суд над интеллигенцией. III. Неряшливая книга. См. сборник «В защиту интеллигенции».

Пешехонов, А. В темную ночь. Спб. 1909.

— К вопросу об интеллигенции. Спб. 1906.

— На очередные темы. (Новый поход против интеллигенции. Сборник «Вехи»). Р. Б. 1909. 4.

— Санинцы» и «Санин». Р. Б. 1908. 5. 6.

Пионтковский, С. Зубатовщина и социал-демократия. Каторга и Ссылка. 1924. 1 (8).
Письма В. И. Ленина к Максиму Горькому. Л. 1924.
Плетнев, Алексей. Воспоминания. Р. С. 1907. II. См. также отдельное издание. П.
Плеханов, Г. В. Еще раз социализм и политическая борьба. Зар. 1901. I. См. также сборник «На два фронта». Женева. 1905.
— Идеология мещанина нашего времени. (По поводу книги Иванова-Разумника «История русской общественной мысли»). С. М. 1908. 6. 7.
— Идеология мещанина нашего времени. См. его «От обороны к нападению». М.
— Письма о тактике и бестактности. М. 1906.
— Предисловие к брошюре Голубя. См. «Через плотину интеллигентщины». Париж. 1908.
— Рабочий класс и социальдемократическая интеллигенция. Ис. №№ 70. 71.
— Речь об отношении к буржуазным партиям. См. Собрание сочинений Н. Ленина. Т. VIII, стр. 629—632.
— Статьи о Л. Толстом. М.
— Что же дальше? Зар. 1901. 2—3.
Плоды демагогии. Вп. 1905. 11.
По Вехам. Сборник статей об интеллигнции и «национальном лице». 2-е издание. М. 1909.
Погодин, А. К вопросу о национализме. См. сборник «По Вехам».
Покровский, М. Н. Значение революции 1905 года. М. 1925.
— Литературная группа М. К. в 1905 г. И. 1925. 295.
Порошин, Алексей. Политические письма. См. сборник «По Вехам».
Поссе, В. Национализм и социализм. См. сборник «По Вехам».
— Современные думы. См. сборник «По Вехам».
Потресов, А. (Старовер). О двуликой демократии. Ис. 1903. 35.
— Этюды о русской интеллигенции. Сборник статей. Спб. 1906. 1908.
Проблемы идеализма. П. 1903.
Программа исследования трудовой интеллигенции. Спб. 1907.
Рабочая и буржуазная демократия. Вп. 1905. 3.
Рабочий. Рабочие и интеллигенты в наших организациях. Женева. 1904.
Редактор. Земство, дворянство и самодержавие. Осв. 1904. 15—16 (39—40).
Рейснер, М. А. Л. Андреев и его социальная идеология. П. 1909.
Рожков, Н. Судьбы русской революции. Спб. 1907.
— Г. Тан и «мобилизация общественных и народных сил». Н.Ж.1905. 2. Ответ в №3.
Ропшин, В. Конь бледный. (Впервые в ж. «Русская Мысль». 1909).
— То, чего не было. Роман. (Впервые в ж. «Заветы». 1912).
Рославлев. Мысли. См. сборник «По Вехам».
Рубакин, Н. Новые времена — новые веяния. (Рост народной интеллигенции). Рус. М. 1905. 7.
— Чистая публика и интеллигенция из народа. («Искорки»). Изд. 2-е. Спб. 1906.
Румянцев, П. Полемика. Н. Ж. 1905. 4.
Рысс, П. В пасти дьявола. Эмиграция в Париже. Рус. М. 1913. 2.
Рязанов, Н. Очередные вопросы нашего движения. Женева. 1905.
Санин, А. Народничество в прошлом и в настоящем. Н. О. 1908. 2. 6. 1909. 3. 4.
Сверчков, Д. На заре революции. М. 1922.
— Три метеора. Л. 1926.
Семенов, Е. П. В стране изгнания. Спб. 1911.
Сеф, С. Е. Буржуазия в 1905 году. Л. 1926.
Сивков, К. Городская буржуазия 10 лет тому назад. Г. М. 1916. 12.
Скабичевский, А. Аскетические недуги в нашей современной передовой интеллигенции. (По поводу 3-х женских романов). Рус. М. 1900. 10. 11.
Скальковский, К. Маленькая хрестоматия для взрослых. Мнения русских людей о самих себе. Материалы для физиологии русского общества. Спб.
Скиталец. Огарки. Повесть из быта мелко-буржуазной интеллигенции перед революцией. 1906.
Славинский, М. Русские, великороссы и россияне. См. сборник «По Вехам».
Соколов, Н. М. Об идеях и идеалах русской интеллигенции. Спб. 1904.
— Русские святые и русская интеллигенция. Спб. 1904.
Сологуб, Федор. Навьи чары. Роман.

Состав либеральной партии. Р. Р. 1903. 33.

Социалисты-революционеры и не социалистическая демократия. Р. Р. 1904. 56.

Ст. Современная весталка. (Из этюдов о современной журналистике). Зар. 1901. 2—3.

Старовер. О кружковом марксизме и об интеллигентской социаль-демократии. Ис. 1905. 98. 106. 107.

— О либерализме и гегемонии. Ис. 1904. 78.

— Что случилось? Зар. 1901. 1.

Стрельский, П. Разночинцы в 1905 году. О. 1906. 5.

Струве, Петр. «Вехи» и их критики. См. газету «Слово» от 1 апреля 1909.

— «Вехи» и «Письма» А. И. Эртеля. — По поводу статьи кн. Д. И. Шаховского. Рус. М. 1909. 5.

— Интеллигенция и национальное лицо. См. сборник «По Вехам» и газету «Слово». 1909. 731.

— Интеллигенция и революция. См. сборник «Вехи».

— Либерализм и т. н. «революционные» направления. Осв. 1902. 7.

— На разные темы. 1902. См. также в ж. М. Б. 1901. 6.

— Политические зигзаги и несвоевременная правда. См. сборник «По Вехам».

Студенчество и революция. Р. Р. 1903. 17. См. еще №№ 16. 13.

Т. П. Гонители земства и Аннибалы либерализма. Зар. 1901. 2—3.

Т. Х. Третий элемент. Зар. 1901. 2—3.

Титлинов, Б. В. Молодежь и революция. Л. 1924.

Толстой, Л. Н. Интеллигенция, государство и народ. Письмо 1905 г.

Л. Толстой и социальдемократия. Ис. 1903. 40.

Трагедия либеральной души. Ис. 1905. 93.

Троцкий, Н. (Л). Из истории одного года. II. Интеллигенция. 1. Интеллигенция на распутьи. 2. 9 января и интеллигентская демократия. 3. Отделение от либералов и период расцвета. 4. Союзы. 5. Кульминационный пункт и возвращение в лоно либерализма. М. «Новый Мир». 1906.

— Как они «примиряют». Ис. 1903. № 35.

— Между первой революцией и войной (1908—1914). См. его Литературу и революцию. М. 1924.

— Об интеллигенции. См. Литература и революция. М. 1924.

— Опекаемое студенчество. Ис. 1903. № 31.

— Письма обо всем. Ис. №№ 59. 60.

— Светские богословы и Ванькина личность. См. его Литература и революция. М. 1924.

— 1905. Москва. 1922.

Трубецкой, С. Н. Лишние люди и герои нашего времени. Н. С. 1904. 2.

Умов, Н. А. Эволюция живого и задача пролетариата мысли и воли. М. 1906.

Федоров, Д. О «третьем элементе». С. Вед. 1904. 313.

Феликс. Г. Гапон и его общественно-политическая роль. Спб. 1906.

Философов, В. Д. Слова и жизнь. Литературные споры новейшего времени (1901—1908 гг.). Спб. 1909.

Франк, С. Культура и религия. (По поводу статьи о «Вехах» С. В. Лурье). Рус. М. 1909. 7.

— Философия и жизнь. Спб. 1910.

— Этика нигилизма. См. сборник «Вехи».

Фриче, В. Из жизни интеллигентного пролетариата. О. 1904. 1.

— От Чернышевского к «Вехам». М. 1910.

— Сверхклассовая интеллигенция. О. 1904. 12.

Фроммет, Б. Очерки по истории студенчества в России. Спб. 1912.

Характеристика русской интеллигенции. См. Сборник писем А. П. Чехова п. ред. Б. Н. Бочкарева. Стр. 54. М. 1910.

Хижняков, В. К «газетной буре». См. сборник «По Вехам».

Цетлин, Мих. Толстой и Чертков. П. Н. 1923. 876.

Череванин, Н. Движение интеллигенции. См. «Общественное движение в России в начале XX в.» Т. 1—2. 4. Спб. 1909—1914.

Чернов, В. Либеральный демократ старого типа. С. А. Муромцев. Сов. 1911. 9.

Чириков, Е. Благодарю не ожидал. См. сборник «По Вехам».

— Жизнь Тарханова. 3 тт. М. 1911—1914 (Юность. Изгнание. Возвращение).

Ш-г, Л. Старые и новые богоискатели. З. Ж. 1909. 4.

Шаховской, Дм. Толстой и русское освободительное движение. М. Г. 1908. 9.

Шенецкий, Як. Что такое интеллигенция? В. З. 1904. 11.

Шенталь, Р. Виктор Стойницкий. В. Е. 1911. 1. 2.

Шулятиков, В. Вопрос об интеллигенции. См. его «Из теории и практики классовой борьбы». М. 1907.

Щеглов, Л. Настроение современной личности. В. З. 1904. 9. 10.

Энгель, Г. и Горохов, В. Из истории студенческого движения 1894—1905 гг. Спб. 1907.

Эфрон, Э. Русское эмиграционное движение и его нужды. Сев. З. 1914. 5.

Южаков, С. 1905 год. Современность. 1906. 1 (март).

Юшкевич, П. Новые веяния. Спб. 1910.

Ярославский, Е. М. «Сон Большевика». П. Р. 1922. 5.

X. ДЕСЯТЫЕ ГОДЫ

Авксентьев, Николай. Творчество культуры. См. сборник «Вехи», как знамение времени.

Айзенштат, А. Об идеализме и материализме. (По поводу книги Плеханова «Год на родине»). П. Н. 1921. 425.

Айхенвальд, Ю. О большевиках. Духовные хулиганы. Саботаж. См. его Наша революция, ее вожди и ведомые. М. 1918.

Алексеев, А. Великий грех русской интеллигенции. Е. 1918. 3.

Алексеев, С. А. Февральская революция. Мемуары. М.—Л. 1925.

— Октябрьская революция. Мемуары. М.—Л. 1926.

Андреев, Л. Надсон и наше время. Русская Воля. 1917. 18.

Андреев, Николай. Интеллигенты. Казань. 1910.

Антонов, К. Интеллигенция в русском рабочем движении. Н. З. 1914. 5.

Анишев, Ан. Очерки истории гражданской войны 1917—1920 гг. Л. 1925.

Аросев, А. Записки Терентия Забытого. Повесть. (Впервые в ж. «Красная Новь». 1921).

Арсеньев, К. К. Пути и приемы покаяния. См. сборник «Интеллигенция в России».

Астров, В. Не нашли пути. Из истории религиозного кризиса. Спб. 1913.

Бабенчиков, М. Ал. Блок и Россия. М. 1923.

Базаров, В. Толстой и русская интеллигенция. Н. З. 1910. 10.

Батурский, Г. Мертвый хватает живое. Д. Ж. 1911. 4.

— Студенчество, профессура и реакция. Д. Ж. 1911. 1.

Белый, Андрей. Революция и культура. 1917.

Бер, В. Уэллс о социализме и интеллигенции. Сов. 1914. 3.

Блок, Александр. Двенадцать. П. 1918.

— Последние дни императорской власти. П. 1921.

— Россия и интеллигенция. 1907(1908)—1918. М. 1918. Берлин. 1920.

Боборыкин, П. Д. Прорыв в вечность. (Впервые в ж. «Вестник Европы». 1911).

Богданов, В. И. Учительство и советская власть. М. 1919.

Богданович, М. Новая интеллигенция. Ж. д. В. 1914. 5—6.

Большевистские элементы в психологии русской интеллигенции. Б. Л. и Ж. 1917. Кн. VI.

Боцяновский, В. Ф. Богоискатели. Спб. 1911.

Брик, О. Неуместное политиканство (о «Двенадцати»). Книжный Угол. 1918. 2.

Брусиловский, И. К вопросу о личности и общественности. См сборник «Вехи», как знамение времени.

— Под знаком пересмотра. Сев. З. 1913. 3.

Бурже, материализм и русская интеллигенция. Б. Л. и Ж. 1913. 9.

Бухарин, Н. На подступах к октябрю. М.—Л. 1926.

Быстрянский, В. Буржуазная и социалистическая революция. (Февраль и октябрь 1917 г.). К. Л. 1922. 2—3.

— По пути в Каноссу. К. и Р. 1921. 8—9.

В. М. «Украинство» и русская интеллигенция. Р. Б. 1912. 4.

В-ев, Н. О положении и роли третьего элемента в нынешнем земстве. З. Д. 1912. 9.

Великий грех русской интеллигенции перед народом. Б. Л. и Ж. 1917. Кн. V.

«Вехи», как знамение времени. Сборник статей Н. Авксентьева, И. Брусиловского, Я. Вечева, Ю. Гарденина, Л. Шишко и др. М. 1910.

Вечев, Я. Правовые идеи в русской литературе. См. сборник «Вехи», как знамение времени.

Виппер, Р. Две интеллигенции и др. очерки. Сборник статей и публичных лекций 1900—1912. М. 1912.

Гарденин, Юрий. «Вехи», как знамение времени. См. сборник «Вехи», как знамение времени.

Гессен, И. В. Искания общественного идеала. П. 1918.

Гизетти, А. Интеллигенция и народ. П. 1917.

Гордон, Д. М. Интеллигенция — для кого сказка, для кого быль. Ташкент. 1916.

Гордос, С. Приспособление к трагедии. (О левом народничестве). См. «Слово о культуре». М. 1918.

Горев, Б. Интеллигенция и социализм. Р. Мир. 1918. 18. 20.

Горький, М. Обращение к народу и трудовой интеллигенции. См. сборник «Интеллигенция и Советская власть».

Граве, Б. К истории классовой борьбы в России. Пролетариат и буржуазия 1914—17 гг. М.—Л. 1926.

Гредескул, Н. Перелом в русской интеллигенции и его действительный смысл. См. «Интеллигенция в России».

— Роль интеллигенции в общественной жизни. Конспект лекций. Нижний-Новгород. 1913.

Григорьев, Р. На ущербе. Роман. 1915.

Гусев-Оренбургский, С. И. Идеалисты. П. 1918.

Дейч, Л. От народничества к марксизму. С. М. 1914. 1—2.

Державин, Н. Литературный разброд. К. и Р. 1921. 10—11.

Диманштейн, С. О мелко-буржуазной идеологии. См. сборник «Пять лет». Харьков. 1922.

Добраницкий, М. Систематический указатель литературы по истории русской революции. М.—Л. 1926.

Ерманский, О. А. Из пережитого. (1887—1921 гг.). М.—Л. 1927.

— Марксисты на распутьи. П. 1916.

Жадовский, Вл. Письмо в редакцию. И. 1918. № от 18 декабря.

Загряцков, М. Земская служба и третий элемент. З. Д. 1914. 10. 11—12. 18.

Залевский, К. Роль интеллигенции в развитии Интернационала. М. 1918.

Зиновьев, Григорий. Беспартийный или коммунист? П. 1919.

— Интернационал молодежи и ее задачи. П. 1919.

— Студенчество на коленах. См. «Против течения». П. 1918.

— Трудящаяся интеллигенция и Советская власть. См. сборник «Интеллигенция и Советская власть».

Зиновьев, Г. и Ленин, Н. Социализм и война. Спб. 1918.

И. Вниз по лесенке. («Двенадцать»). Понедельник. 1918. 2.

Иванов, Г. Пролетарская революция и чувашская интеллигенция. Казань. 1921.

Иванов-Разумник. Испытание в грозе и буре. Наш Путь. 1918. 1. См. также отдельное издание 1922 г. Берлин.

— Литература и общественность. 2-ое изд. Спб. (1911). См. т. I, стр. 95: «Народ и интеллигенция».

— Марксистская критика. См. его «Литература и общественность». Изд. 2-е. 1912.

Игумнов, С. Земство и третий элемент. Харьков. 1914.

Ильин, Вл. Два направления в русском марксизме и русской социал-демократии. См. его сборник «За 12 лет». Т. I. П. 1919.

Интеллигенция в России. Сборник статей К. Арсеньева, М. Ковалевского, П. Милюкова и др. Спб. 1910.

Интеллигенция и Советская власть. Сборник статей. М. 1919.

Иорданский, Н. И. Отцы и дети. С. М. 1911. 2.

К характеристике русской революционной интеллигенции. Б. Л. и Ж. 1917. IX—X.

Керженцев, В. Еще об интеллигенции. И. 1918. № от 18 октября. См. также сборник «Интеллигенция и Советская власть».

— Интеллигенция на переломе. См. сборник «Интеллигенция и Советская власть».

41

Клейнборт, Л. Рабочая интеллигенция и искусство. В. Е. 1913. 8.
— Что думает интеллигенция из народа. Н. Ж. 1911. 4.
Клоков, В. Е. К трудовой интеллигенции. Купянск. 1917.
Ключников, Ю. В. Единый куст. Драматические картины из русской жизни 1918 года. Берлин. 1923.
Ковалевский, М. М. Взаимоотношение свободы и общественной солидарности. См. сборник «Интеллигенция в России».
Коган, П. С. Интеллигенция и народ. М. 1917.
Колосов, Е. Е. Воззрения Н. К. Михайловского на государство. (К вопросу об отношении русской интеллигенции к праву и государству). Р. Б. 1910. 2. 3.
— Русское народничество и культурная работа. См. «Культура и Свобода». Сборник статей. П. 1918.
Короленко, В. Падение царской власти. М. 1917.
Крайний, А. Жизнь и литература. (Обывательство. «Совесть» и «честь» для интеллигенции). Н. Ж. 1913. 1.
Крачкевич, П. З. История российской революции. 1914—1920 гг. (Записки офицера-журналиста). Кн. 1. Трагедия русской интеллигенции. Гродно. 1921.
Лебедев, В. И. Борьба русской демократии против большевиков. Нью-Йорк. 1919.
Левидов, Мих. Переступившим черту. П. 1919. 12. (О «России и интеллигенции» А. Блока).
Левин, М. Плакальщикам революции. Т. 1918. 6.
Левин, Ш. М. и Татаров, И. Л. История Р. К. П. (б.) в документах. Том I. 1883—1916. Л. 1926. Стр. 696.
Ленин, Н. О новой фракции примиренцев или добродетельных. Соц. 1911. 24.
— Революция и мелкая буржуазная демократия. См. сборник «Интеллигенция и Советская власть».
— Ценные признания Питирима Сорокина. См. сборник «Интеллигенция и Советская власть».
Лепешинский, П. Очередная прогулка т. Быстрянского по садам марксистской литературы. П. Р. 1922. 9.
Либерализм и демократия перед лицом новой революции. Соц. 1912. 27.
Лозинский, Е. Л. Толстой об интеллигенции и рабочем вопросе. Спб. 1911.
Лукин, Н. М. (Антонов, Н.). Как пало царское самодержавие. Борьба общественных сил в России. 1860—1917. П. 1918.
Луначарский, А. Великий переворот. П. 1919.
— Идеология накануне Октября. См. сборник Ц. К. Р. К. П. «За 5 лет». (1917—1922). М. 1922.
— Место и роль интеллигенции в обществе. Н. П. 1918. 3.
Лундберг, Г. Мережковский и его новое христианство. Спб. 1914.
Львов-Рогачевский, В. Поворотное время. (Отражение в современной литературе «вехистского» направления). С. М. 1911. 4.
— Рабочая интеллигенция. См. «Наш Голос». Социал-демократический сборник. М. 1918.
Маевский, Е. Кризис в народничестве. С. М. 1912. 9.
Мартов, Л. Борьба общественных сил в 1913 г. Н. З. 1914. 1.
— Записки социал-демократа. Т. I—IV. Берлин. 1922—1923.
Маслов, П. Война и демократия. М. 1916.
— Новые искания в народничестве. Н. З. 1912. 9—12.
Меницкий, Ив. Из прошлого московского студенчества. 1923. П. С. 1923. I.
Мещеряков, Н. Письма о русской интеллигенции. Т. 1918. 1. 2.
Милюков, П. Интеллигенция и историческая традиция. См. сборник «Интеллигенция в России».
— История второй русской революции. Т. I, в. 1 и 2. София. 1921.
Миров, В. Интеллигенция и народ. См. Кооперативный календарь на 1919. М. 1918.
На пороге революции. Соц. 1913. 32.
Наживин, Ив. Записки о революции. Вена. 1921.
Никандров, Н. Бывший студент. М. 1919.
Невский, Вл. История РКП(б.). Л. 1926.
— Рабочая интеллигенция. Пр. 1917. 1—2.
Николаев, А. А. Интеллигенция и народ. М. (1917).

Новомирский, Я. На пороге. (Коммунизм и интеллигенция). К. и Р. 1920. 5.

О классовом самосознании русской интеллигенции. Б. Л. и Ж. 1917. Кн. VII—VIII.

Овсянико-Куликовский, Д. Горький и интеллигенция. В. В. 1912. 1.

— Психология русской интеллигенции. См. сборник «Интеллигенция в России».

Оксенов, И. Общественность в творчестве Блока. Известия Петроградского Совета Р. и К. Д. 1920. 243.

Ольминский, М. 1915—1916 гг. М. 1926.

Ортодокс. В защиту идеологии. С. М. 1913. 3.

Пажитнов, К. Эволюция русской народнической мысли. В. З. 1913. 10.

Петропавловский, С. Дворянство, бюрократия и монархия перед февральской революцией. П. Р. 1922. 8.

Петрункевич, И. И. Интеллигенция и «Вехи». См. сборник «Интеллигенция в России».

Пешехонов, А. Засыпанная пропасть. (Интеллигенция и народ). Р. Б. 1914. 1. 1.

Пилецкий, Я. Пролетариат и культура. Н. З. 1914. 1. 4.

Пионтковский, С. А. Литература по вопросу о свержении самодержавия. П. 1925. № от 12 марта.

— Октябрьская революция в России, ее предпосылки и ход. М.-П. 1923.

Письмо М. Спиридоновой Центральному Комитету партии большевиков. П. 1918.

Плеханов, Г. В. Год на родине. Т. I и II. Paris. 1921.

— Интернационализм и защита отечества. П. 1917.

— К русским учителям. Е. 1917. 14.

— Карл Маркс и Лев Толстой. Соц. 1911. 19—20.

— О пустяках особенно о г. Потресове. Соц. 1910. 13.

— Письмо в редакцию «Парижского Вестника» об отношении его к студенческим забастовкам. Вп. 1911. 3. 5.

Попов, А. А. Октябрьский переворот. Факты и документы. Под редакцией и со вступительной статьею «Ход революции» Н. А. Рожкова. П. 1918.

Попов, Н. Н. Очерки истории Российской Коммунистической Партии (Большевиков). М.—Л. 1926.

— По поводу рецензии на мою книгу. Большевик. 1926. 5.

Португалов, В. Идейные вожди социал-демократии. П. 1917.

Потресов, А. Еще к вопросу о пролетарской культуре. Н. З. 1914. 2. 3. 4.

— Об «идеологизме» и Овсянико-Куликовском. Н. З. 1911. 9—10.

Проблема пролетарской идеологии. Б. Л. и Ж. 1913. 10.

Психологическая рознь интеллигенции и пролетариата. Б. Л. и Ж. 1913. 12.

Путь студенчества. Сборник статей. М. 1916.

Радек, К. Анархисты и Советская Россия. М. 1919.

— Интеллигенция и Советская власть. См. сборник «Интеллигенция и Советская власть».

Разбойный натиск на религиозно-нравственное чувство верующей интеллигенции и народа. (Литература, театр, доморощенные безумные геростраты). Саратов. 1910.

Разин, С. Рецензия на книгу А. Блока «Россия и интеллигенция». Зн. 1919. 2.

Ракитников, Н. И. Интеллигенция и народ. См. сборник «Вехи», как знамение времени

— Марксизм и народничество. Сов. 1914. 13—15.

Ратнер, М. Б. Национальное лицо и национальный вопрос. См. сборник «Вехи», как знамение времени.

Рафаилов-Чернов, В. Отношение социалистов к войне. П. 1917.

Редько, А. М. Трагедия русской интеллигенции. Р. Б. 1918. 1—2—3.

Рейснер, М. Роль интеллигенции в общественной жизни. Н. Ж. 1914. 1.

Рецензия на сборник «Интеллигенция и Советская власть». М. 1919. В. Л. 1919. 11.

Рожков, Н. А. Ход революции. См. А. А. Попов. Октябрьский переворот. П. 1918.

Рукова, О. Борьба. Н. Ж. 1912. 9.

Савинкова, С. А. В годы старого режима. Рассказы. М. 1918.

Саликовский, А. Больной вопрос. (Об украинской идее и русской интеллигенции). У. Ж. 1912. 2.

Самозащита. Сборник статей. Спб. 1916.

Свентицкий, Валентин. Интеллигенция. Драма в 4 д. и 6 картинах. М. 1912.

Сергеев-Ценский, С. Смесь. Повесть. (Впервые в сборнике «Отчизна». Симферополь).

Славинский, М. Русская интеллигенция и национальный вопрос. См. сборник «Интеллигенция в России».

Слетов, С. Об интеллигенции. См. сборник статей «Путь студенчества». М. 1916.

Слонимский, Л. Еще о «Вехах». («Интеллигенция в России», издание «Земли»). В. Е. 1910. 5.

Слуцкий, Михаил. Русская интеллигенция пред вопросами веры. Харьков. 1911.

Солонович, А. А. Всеобщая генеральная конференция интеллектуального труда. Революционное Творчество. 1918. 1—2.

Сомов, Николай. Рабочий день при свете науки. В. И. М. С. 1919. 148.

Спиридович, А. И. История большевизма в России от возникновения до захвата власти. 1883—1903—1917. С приложением документов и портретов. Париж. 1922.

Споры о русской интеллигенции и ее идеологиях. Б. Л. и Ж. 1913. 12.

Станкевич, В. Б. Воспоминания. 1914—1919 гг. Л. 1926.

Стеклов, Ю. Буржуазная интеллигенция в русской пролетарской революции. К. И. 1922. 19.

Степун, Ф. А. Николай Переслегин. Роман. (Впервые напечатан в ж. «Современные Записки». 1923—1925. Париж).

Стойкин, А. И. Интеллигенты. Пьеса в 4-х действиях. Спб. 1911.

Струве, П. Patriotica. Спб. 1911. 1914.

Суханов, Ник. Записки о революции. Т. I—VII. Берлин. 1922—1923.

— Наши направления. Марксизм и народничество. П. 1916.

Т. Х. Об интеллигенции верной народу. Известия ЦИК и Петроградского Совета Р. и С. Д. 1917. 230.

Тальников, Д. При свете культуры. Л. 1916. 1.

Тезисы доклада тов. Ленина о буржуазной и пролетарской демократии. См. Известия Петербургского Комиссариата по Делам Национальностей. П. 1919.

Толстой, Алексей Н. «Падший Ангел». П. Н. 1921. 413.

— Хождение по мукам. (Впервые в ж. «Грядущая Россия», продолжение в ж. «Современные Записки». 1920. Париж).

Трофимов, А. Материалистическое понимание истории. Что такое интеллигенция. (На основе закона технической ренты). М. 1912.

Троцкий, Л. Годы великого перелома. Люди старой и новой эпох. М. 1919.

— О Плеханове. См. его Война и революция. Т. II. М. 1923. См. Т. I, стр. 17—22.

— Терроризм и коммунизм. П. 1920.

Туган-Барановский, М. Интеллигенция и социализм. См. сборник «Интеллигенция в России».

Устинов, Г. Интеллигенция и пролетариат. М. 1918.

— Интеллигенция и октябрьский переворот. М. 1920.

— Принципы и действительность. (Об «интеллигентской идеологии»). И. 1918. 107.

Устрялов, Н. В борьбе за Россию. Харбин. 1920.

— Духовные предпосылки революции. См. В. 1921. 9.

Ф. С. Еще к вопросу об интеллигенции. Н. З. 1914. 6.

Флеер, М. Г. Рабочее движение в годы войны. М. 1926.

Фл-нский, И. «Как смеет он, народ, без нашего веленья»... К. и Р. 1920. 1.

Фроммет, Б. Очерк по истории студенчества в России. Спб. 1912.

Ховин, Виктор. Безответные вопросы. Книжный Угол. 1918. 2. (По поводу статьи А. Блока «Россия и интеллигенция»).

Х-ский, И. О новейших течениях в народничестве. Пр. 1913. 9.

Цыперович, Г. Война и общественность. Г. М. 1917. 5—7.

Цявловский, М. Большевики. М. 1918.

Чарскова, Н. Что же такое, наконец, интеллигенция. Кутаис. 1918.

Чернов, В. Дела и дни. Упразднение народничества. З. 1914. 6.

— Записки социалиста-революционера. Т. I—IV. Берлин. 1922—1923.

Чудаков, Герасим. Пролетарская революция и буржуазная культура. (Статьи 1918—1919 гг.). Казань. 1920.

Шипов, Д. Н. Воспоминания и думы о пережитом. М. 1918.

Шишко, Л. Э. Интеллигенция и революция. К вопросу о роли интеллигенции в революционном движении. Роль интеллигенции в освободительном движении. См. Собрание сочинений. Т. IV. П. 1918.

Шишко, Л. Э. Роль интеллигенции в освободительном движении. См. сборник «Вехи», как знамение времени.

Шляпников, А. Канун 17-го года. Ч. I и II. М. 1920—1922. Книга 3. М.—Л. 1927.

Юрьев, Б. Научная философия и философствующая мистика. См. сборник «Вехи», как знамение времени.

Юшкевич, П. Д. Овсянико-Куликовский о роли интеллигенции. З. Ж. 51. 1912.

Язвицкий, Валерий. Интеллигенция и народ. М. 1917.

Яременко, А. Роль интеллигенции в партизанском революционном движении. П. Р. 1922. 9.

Ясинский, Иер. Роман моей жизни. Книга воспоминаний. М.—Л. 1926. См. гл. LXVI.

Яхонтов, В. А. Русское офицерство в связи с развитием русской общественности. Нью-Йорк. 1919.

XI. ДВАДЦАТЫЕ ГОДЫ

А. Русские настроения. П. Н. 1923. 1061. 1068.

А. К. «О сдвигах». Д. 1923. 54.

— О «Смене вех». В. Л. 1921. 12.

А. Г. Народовластие и «Социалистический Вестник». Д. 1923. 61.

А. О. Русская интеллигенция и пролетарская революция. Доклад профессора Потемкина. Н. 1923. 244.

А. Р. «Раздавите гадину!» (На докладе проф. Лукьянова). «Ecrasez l'infame!» Об. Д. 1921. 229.

Абстрактное и конкретное в спорах о республике. П. Н. 1923. 920.

Аверченко, Аркадий. Осколки разбитого вдребезги. М.—Л. 1926.

Авксентьев, Николай. Patriotica. С. З. 1920. 1.

Авербах, Леопольд. К вопросу о комсомольской интеллигенции. М. Гв. 1923. 6. (По поводу повести В. Герасимовой «Ненастоящие»).

Аграрные споры. П. Н. 1923. 1018.

Аксельрод, П. Б. Пережитое и передуманное. Берлин. 1923.

Алданов, М. А. Девятое термидора. Берлин. 1923.

Александров, А. Д. Юношеское движение. (Систематический указатель книг, вышедших за годы революции). Л. 1925.

Александров, А. и Балухатый, С. Политпросветработа. Систематический указатель литературы с отделом по ленинизму. Л. 1925.

Александров, Ив. Русская интеллигенция и ее современные задачи. Россия. 1923. 9.

Альманах «Русская Жизнь». В. З. Харбин. 1923. (К расколу среди сменовеховев).

Ан-ов, Н. Конференция ОРЭСО. П. Н. 1924. 1228.

Англия и русские учащиеся. Р. 1923. 795.

Андреев, А. Формирование социально-реставрационной партии. Соц. В. 1926. 7—8.

Андреев, Андрей. Неонигилисты. М. 1922.

Антонов (Саратовский). Еще о нашем студенчестве. П. 1922. 16.

Арапов, Ал. Русская эмиграция. Н. 1922. 54.

Арсеньев, Д. Отрывки из дневника «Сменовеховца». П. Ст. 1923. 1.

Архипов, Н. Завоевания революции. Н. 1922. 102.

— Е. Д. Кускова в Париже. Н. 1922. 97.

— У входа. Н. 1922. 157.

Арцыбашев о примирении с большевиками. Р. 1923. 871.

Асеев, Ник. Художественная литература. П. и Р. 1922. 7.

Астров, В. Ленин о внутрипартийной демократии. П. 1926 г. 92. См. его еще «О внутрипартийной демократии». Л. 1926.

Ашешов, Ник. К двенадцатому часу. Нов. Р. 1922. 1.

Ашкинази, З. Г. Душа народа. П. Н. 1921. 444.

Б. И. Мозг и интеллигенция. Р. 1923. 657.

Б. З. Революционные дни. (Воспоминания участника февральских дней 1917 г.). Об. Д. 1921. 244. 245. 246.

Б-ой, Сергей (Алексеев, Н.). На службе у империалистов. (Англо-русский конфликт и белая эмиграция). М. 1923.

Б-ой, Сергей (Алексеев, Н.). О новых «демократических» исканиях. К. Р. 1922. 15.

Бальмонт, К. Где мой дом? П. Н. 1923. 1008.

Безбородов, С. Ленин в отношении к буржуазным специалистам науки и техники. М. 1925.

Белов, В. Белое похмелье. М. 1923.

— По новым вехам. Ревель. 1922.

Белый, Андрей. О «России» в России и о «России» в Берлине. Бд. 1923. 1.

Бенедиктов, М. Две эмиграции. П. Н. 1923. 1064. (По поводу книги И. Левина «Эмиграция французской революции». Берлин. 1923).

— Рецензия на сборник «За чертой». П. Н. 1922. 810.

Бергман, Генрих. Диктатура пролетариата, НЭП, интеллигенция. (По поводу некоторых выступлений профессора Ключникова). П. 1922. 150.

Бердяев, Николай. Открытое письмо В. В. Бердяеву. Д. 1923. 133.

Берлин, 20 декабря. Н. 1922. 216.

Бернштейн, Л. «Ново-веховцы». Об. Д. 1922. 541.

Благой, Д. Революционная Россия. М.—Л. 1926.

Бобрищев-Пушкин, А. Бесы и ангелы. Н. 1922. 202.

— Внутренняя эмиграция. Н. 1923. 422.

— Демократия. Н. 1922. 120.

— Новая вера. См. сборник «Смена Вех».

— Религия в России. Н. 1923. 428.

— Русский политический центр. Н. 1923. 387.

— Укор не по адресу. Н. 1922. 56.

— Факиры. Н. 1922. 36.

Боженко, Конст. Об общественных настроениях. Н. 1922. 125.

— Рубка вех. В. Л. 1922. 1.

Большевики и сменовеховцы. П. Н. 1923. 908.

Борис, С. На новом пути. Н. М. 1921. 218.

Борисович, Л. «Русская Мысль». Об. Д. 1921. 263.

Борьба за власть. П. Н. 1923. 879.

Борьба за власть и против власти. П. Н. 1923. 870.

Борьба со сменовеховцами. Р. 1923. 876. См. также Н. 1923. 462, ст. «Унтер Пришибеев».

Братание. Н. 1923. 449. (О монархистах и евреях).

Брешковская, К. О молодежи в изгнании. Д. 1923. 148.

Брудный, М. О советской общественности. П. 1924. 147.

Бруцкус, Б. О грядущем народничестве. Р. 1924. 1028.

— О крестьянской земельной собственности. П. Н. 1923. 1047.

— Социалистическое хозяйство. Теоретические мысли по поводу русского опыта. Берлин. 1923.

Брюнэ, Этьен. Вдали от России. Роман из жизни русских эмигрантов. П. 1924.

Бубликов, А. А. Вехи. Об. Д. 1921. 303.

Бубнов, А. Возрождение буржуазной идеологии и задачи агитпропработы. К. Р. 1922. № 8 (32).

— Возрождение буржуазной идеологии и задачи агитпропработы. П. 1922. 166.

— Три лозунга. П. 1923. 157.

Будущее демократической группы. П. Н. 1921. 437.

Булгаков, Михаил. Москва в блок-ноте. Гнилая интеллигенция. Н. 1922. 216.

Бунаков, И. Пути России. С. З. 1920. 2.

Бунегин, М. Роль интеллигенции и культучреждений в оживлении советов. П. К. П. 1926. 1.

Бунин, Ив. Горький о большевиках. Об. Д. 1922. 538.

Буржуазная идеология и ее литературное выражение. См. Печать СССР. М.—Л. 1926, стр. 82—83.

Буржуазная интеллигенция и октябрьская революция. П. и Р. 1921. 3.

Бухарин, Н. И. «Апелляция» оппозиции. М. 1927.

— Атака. М. 1924.

— Борьба за кадры. М.—Л. 1926.

— Доклад на XIV съезде РКП(б) о работе комсомола. П. 1926. 2.

— Итоги XIV партсъезда. И. 1926. 8. 9.

— К вопросу о троцкизме. М.—Л. 1925.

Бухарин, Н. И. К итогам дискуссии. Л. 1926.
— Коммунистическое воспитание молодежи. М. 1925.
— Культурный фронт и интеллигентский пессимизм. П. 1923. 139.
— Мистицизм и интеллигенция. П. 1920. 145.
— О мировой революции, нашей стране, культуре и прочем. К. Н. 1924. 1. 2.
— Партия и оппозиционный блок. Л. 1926.
— Пролетарская революция и культура. П. 1923.
— Судьбы русской интеллигенции. П. и Р. 1925. 3.
— Техническая интеллигенция и рабочий класс. П. 1920. 48.
— Три речи. М.—Л. 1926.
— Цезаризм под маской революции. П. 1925. 259. 260. 261.
— Цезаризм под маской революции. По поводу книги проф. Н. Устрялова «Под знаком революции». М. 1925.
Бывший студент. Монархический молодняк. Д. 1923. 134.
Быстрянский, В. Из исповеди контр-революционера. К. и Р. 1921. 12.
— Невольные признания. К. и Р. 1920. 5.
В. Е. Т. Из истории партии Народной Свободы. Р. 1923. 684. 693.
В Россию через «Накануне»? П. Н. 1922. 630.
Вакар, Н. Молодежь и демократизм. П. Н. 1923. 902.
Валентинов, Александр. «Люди наибольшего удельного веса». П. Н. 1922. 761.
— Шило в мешке. (О делах студенческих). П. Н. 1922. 777.
Ваня. Смена вех. К. О. 1922. 5.
Варварин, Д. «Смена Вех». Нов. П. 1921. 217.
Вардин, Ил. Революция и меньшевизм. М.—Л. 1925.
Варшер, Татьяна. Большевистское «просвещение». П. Н. 1922. 771.
Васильевский, И. (Не-Буква). Дедушка русской эмиграции. Н. 1922. 154 (приложение № 21).
— Молодая душа. Н. 1922. 44.
— На перевале. Н. 1922. 7.
— На развалинах. Н. 1922. 115.
— Письмо с родины. Н. 1923. 454.
— Сплетники. (Новейшие фасоны и моды эмигрантщины). Н. 1923. 390.
Вересаев, В. В тупике. Роман. (Впервые напечатан в «Южном Альманахе». Симферополь. 1922).
Вершинин, И. Расплавленные льды. Н. 1923. 500.
Ветлугин, А. Бунтари купеческого клуба. Об. Д. 1921. 240. 241.
— Третья Россия. Париж. 1923.
«Вехи» и «Смена Вех». Р. М. 1922. 3.
Вешнев, В. Андрей Соболь и Мих. Осоргин. Вечерние Известия. 1923. 46. Москва. См. также П. Н. 1923. 1061.
Вжесинский, П. Национализм и демократизм. П. Н. 1923. 983.
Виленский, Вл. (Сибиряков). Клеймо предательства. И. 1923. 191.
Вишняк, Марк. «Берта». Д. 1923. 278. (По поводу ж. Петра Струве «Русская Мысль»).
— «Возрождение». С. З. 1925. 25.
— Вынужденный ответ. Еще раз о родоначальниках большевизма. Д. 1923. 228.
— Крестовый поход против демократии. Д. 1923. 214.
— Оправдание демократии. С. З. 1923. 3.
— Рецензия на книгу «Смена вех». С. З. 1922. 8.
— Родословная большевизма. Д. 1923. 207.
— «Условные республиканцы». Д. 1923. 138.
— Черный год. Париж. 1923.
Владимиров, Евг. Кому возвращаться? П. Н. 1923. 1055. 1072.
Водов, С. О «Борьбе» и о «Борцах». С. Г. 1923. 4.
Водовозов, В. Открытое письмо Н. А. Бердяеву. Д. 1923. 126.
Войтоловский, Л. Ленин об интеллигенции. П. и Р. 1925. 2.
Волин, Бор. Меньшевистский интеллигентик и социал-демократический рабочий. И. 1925. 182.
—. Об эмигрантском «фон-Гривальдусе». (Исповедь А. В. Пешехонова в эсеровской «Воле России»). И. 1925. 270.

Волин, Бор. Рабочая интеллигенция. Раб. М. 1923. 2.
— Эмигрантский Колумб. (О А. В. Пешехонове). И. 1925. 275.
Волин, Ю. ВУЗ'ы. Н. 1923. 425. (О пролетаризации высших учебных заведений).
— Интеллигенция на посту. Н. 1922. 217.
— Новое студенчество. Н. 1923. 346.
Волковский, Ник. В дни Мартобря. Д. 1923. 277. (По поводу письма А. Соболя).
Вольский, А. Без лирики. Н. 1922. 119.
Вольфсон, С. Я. Интеллигенция, как социально-экономическая категория. М.—Л. 1926.
Вопрос о признании большевиков. П. Н. 1923. 1042.
Воронский, А. Без иллюзий. См. сб. «Интеллигенция и революция».
— Из современных настроений. См. сб. «Интеллигенция и революция».
— На новом пути. П. и Р. 1921. 3.
— На платформе затяжного характера Советской власти. Прожектор. 1923. 8.
— От народнического утопизма к контр-революционной кулацкой идеологии. См. его «На стыке». М. 1923.
— Старческое слабоумие. См. сб. «Интеллигенция и революция».
— Тугие дни подходят. Журналист. 1926. 1.
Всегда вперед! (О роли сменовеховской интеллигенции). Н. 1924. 134 (последний номер от 15 июня).
Г. Д. Новое студенчество и НЭП. Н. 1922. 211.
Гамма. «Тараканьи бега». (Из эмигрантских настроений). П. 1925. 286.
Георгиев, П. «Сменовехизм» и большевизм. П. Н. 1922. 638.
Герасимова, Валерия. Ненастоящие. Повесть. М. Гв. 1923. 6.
Гессен, И. Завоевания революции. (По поводу книги А. В. Пешехонова «Почему я не эмигрировал?»). Р. 1923. 742.
Гессен, В. Искания общественного идеала. Берлин. 1922.
Гиппиус, З. Бесстрашная любовь. (Русский народ и Ив. Бунин). Об. Д. 1921. 463.
— Советский батюшка. (А. Введенский). П. Н. 1923. 869. 870.
Гиринис, С. Ленин об интеллигенции. М. 1925.
Гладков, Федор. Цемент. Роман. М.—Л. 1926.
Глазов, Л. Путь комсомольской оппозиции. Л. 1926.
Глебов, М. «Первые вехи». П. Ст. 1923. 1.
Глезер, З. Еще о сотрудничестве с деревенской интеллигенцией. И. 1924. 157.
Гоберман, Г. Современные крепостники и их идеология. С. К. 1922. 17.
Головачев, В. Д. Студенчество в Сов. России. Р. 1922. 618. 1923. 660.
Гольденвейзер, А. А. Якобинцы и большевики (психологические параллели). Берлин. 1922.
Горбачев, Георгий. Очерки современной русской литературы. Л. 1925.
Горбунов, М. Торгово-промышленная эмиграция и ее идеология. См. сб. статей «На идеологическом фронте борьбы с контр-революцией». М. 1923.
Горев, Б. Интеллигенция, как экономическая категория. П. С. 1922. 1.
— На идеологическом фронте. Сборник статей. П.—М. 1923.
— О сущности религии и заключительное слово. См. его «На идеологическом фронте». М. 1923.
— Русская литература и евреи. См. его «На идеологическом фронте». 1923.
Горький, М. О русском крестьянстве. Берлин. 1922.
Гредескул, Н. А. Интеллигенция и революция. (Еще о конференции научных работников). И. 1923. 268.
— Россия прежде и теперь. М.—Л. 1926.
— «Смена Вех». И. 1921. № от 11 ноября.
— «Смена Вех». См. сборник статей «Смена Вех». Киев. 1922.
Гримм, Э. Новая демократия. Нов. Р. 1923. 41.
Гришин, М. И. Об оппозиционном блоке и внутрипартийном положении. М.—Л. 1927
Громобой. Два национализма. Н. 1922. 192.
Губер, П. Наказанная опрометчивость. Л. З. 1922. 2.
— Судьбы Третьего Рима. См. сборник «О смене вех».
Гурвич-Глуховский, И. С. Критикам демократии. Гол. Р. 1922. 1072.
Гурович, А. Две ошибки. Н. 1922. 87.
— Логика упрямства. Н. 1922. 100.

Гурович, А. Певцы самогонки. Н. 1923. 251.

— Пути и цели. Н. 1922. 60.

— Ради толстосумов. Н. 1923. 392.

— Философия семячек. Н. 1922. 93.

Гурович, И. Записки эмигранта. П. 1923.

Д. Я. Советское студенчество за рубежом. И. 1926. 89.

Даватц, В. Борьба за дух. Нов. В. 1923. 742.

Даватц, В. Х. и Львов, Н. Н. Русская армия на чужбине. Белград. 1923.

Далин, Д. После войн и революций. Берлин. 1922. См. ст. «Новая интеллигенция».

Дан, Ф. Два года скитаний (1919 до 1921). Берлин. 1922.

— Демократическая эмиграция и демократия в России. Соц. В. 1926. 7—8.

Два отношения к советской власти. П. Н. 1923. 1002. (По поводу книги А. В. Пешехонова «Пючему я не эмигрировал?»).

Дело Бориса Савинкова. М. 1924. См. ст. В. Астрова. Большевик. 1924. 11.

Демидов, И. Первый этап церковной смуты. П. Н. 1923. 1033.

— Путь творчества и путь разрушения. П. Н. 1923. 1028.

— Творимая легенда. П. Н. 1923. 1044.

— Что же дальше? П. Н. 1921. 442.

Демократическое студенчество. П. Н. 1922. 764.

Демократия в эмиграции. П. Н. 1922. 757.

«Демократия и социализм». Н. 1923. 267.

Демократия или... братство во Христе? П. Н. 1923. 868.

Дивильковский, А. Самочувствие эмиграции. П. и Р. 1926. 6. 8.

Дикгоф-Деренталь, А. В. В наши дни. Прага. 1922.

Дионео. А. И. Зунделевич. П. Н. 1923. 1035.

— Национальность и культура. См. сборник «Родная земля». I. Нью-Йорк. 1920.

— Сирены. П. Н. 1923. 986.

— Сморчек. П. Н. 1922. 757.

Дифференциация эмиграции. П. Н. 1923. 1020.

Дмитриев, Т. Разброд. 1925.

Донской. Русская общественность в Сербии. Д. 1923. 143.

Дополнение к заметке «Вехи» и «Смена Вех». Р. М. 1922. 4.

Дроздов, Александр. Дар слез. Н. 1922. 212.

— Два слова о себе. Н. 1922. 221.

— Когда ушла молодежь. Н. 1923. 259.

— Разговор за сосисками. Н. 1923. 496.

Друг. По поводу памфлета М. Горького «Русская жестокость». См. «Библиография». П. 1922. 197.

Дурденевский, В. и Берцинский, С. Опыт библиографии общественных наук за революционное трехлетие. (1918—1920). М. 1925.

Дюшен, Б. Здесь и там. Н. 1923. 249.

— Изгнание интеллигентов. Н. 1922. 195.

— Лик зарубежной интеллигенции в зеркале газеты «Дни». Н. 1923. 261.

— Мимикрия. Н. 1923. 430.

— Новые пути к прогрессивности. Н. 1923. 239.

— Разговор человека с эмигрантом. Н. 1923. 471.

— Смешение языков. Н. 1922. 79.

— Старое и новое. Н. 1923. 231.

— Удар по руке. Н. 1923. 434.

Еще о пособниках белого террора. И. 1923. 254.

За ленинизм! Москва, «Новая Москва», 1925.

За ленинизм. Сборник статей. М.—Л. 1925. Приложение: Л. Троцкий — Уроки Октября и Письмо т. Л. Троцкого к т. М. Ольминскому от 6-го декабря 1921 г.

«За чертой». Первый сборник (студенческий). Прага. 1922.

Загорский, С. К вопросу об аграрной реформе. П. Н. 1923. 1023.

— Фактическая справка к докладу Кусковой. П. Н. 1828.

Зайцев, К. Письмо в редакцию. Д. 1923. 295.

Залкинд, А. Б. Очерки культуры революционного времени. М. 1924. (О нашем новом студенчестве. Интеллигентские сдвиги за годы революции).

Замятин, Евг. Пещера. З. М. 1922. 5.

Заславский, Д. Мертвые монархические души. И. 1926. 249.

Зензинов, В. Из жизни революционера. Париж. 1919.
— Легенда и действительность. Д. 1923. 274. 276.
— Психология вместо логики. Д. 1923. 256.
— Там и здесь. Д. 1923. 219.

Зиновьев, Григорий. Большевизм или троцкизм? Л. 1925.
— Возрождение буржуазной идеологии и задачи партии. С. К. 1922. 16.
— Из истории большевизма. См. Сочинения. Т. I. 2. П. 1923.
— Интеллигенция и революция. М. 1924.
— Интеллигенция и революция. (Доклад на 1-м всероссийском съезде научных работников). И. 1923. 270. П. 1923. 268. 269.
— Ленинизм. Введение в изучение ленинизма. Л. 1925.
— Марксизм и ленинизм. Звезда. 1925. 3(9).
— Мировая партия ленинизма. М. 1924.
— На пороге новой истории. Коммунисты и беспартийные. П. 1921.
— Наука и революция. Л. 1925.
— Об антисоветских партиях и течениях. П. 1922.
— Пролетарская революция и учительство. М. 1924.
— Рабочий класс и крестьянство. Л.—М. 1925.
— Студенчество и пролетарская революция. П. 1921.
— Умные речи — приятно слушать. (По поводу книжки А. В. Пешехонова «Почему я не эмигрировал?»). П. 1923. 149.
— Философия эпохи. П. 1925. 214. 215. 216. См. речь тов. М. И. Калинина. И. 1925. 296.
— Философия эпохи. М.—Л. 1925.
— «Философия эпохи» (о лозунге «равенство»). И. 1925. 297.

Знамение времени. («Декларация трудовой интеллигенции»). И. 1920. 48.

Зорич, А. Голос «оттуда». (На конференции сельской интеллигенции). П. 1924. 208.

Зритель. О российской интеллигенции. Гол. Р. 1922. 1052.

И. «Новая культурная эра». П. Н. 1923. 916.

И—И. П. Н. 1923. 1066. (По поводу статей Ек. Кусковой «Или — или»).

Иванович, Ст. О врагах социализма. С. 3. 1923. 4.
— Сумерки русской социал-демократии. Париж. 1921.

Иванов-Разумник. Пролетарская культура и пролетарская цивилизация. Зн. 1921. 2.
— Что такое интеллигенция. Берлин. 1920.

Иванчиков, В. Смена. Н. С. 1922. 1. 2.

Идеология «второго дня». Пт. 1921. 206.

Изгоев, А. С. Большевики и коммунисты. Р. 1923. 872.
— «Вехи» и «Смена вех». См. сборник «О Смене вех».
— Власть и личность. В. Л. 1922. 1.
— Истерика в политике. Р. 1923. 857.
— О задачах интеллигенции. См. «Парфенон». Сборник первый. Спб. 1922.
— О настроениях студенчества. Р. 1923. 834. 843.
— Объединение эмиграции. Р. 1923. 808.
— Политические партии. Р. М. 1923. 3—4.
— Старина и новизна. Р. 1923. 867.

Из петербургских писем. И. 1922. 727.

Из речи В. М. Молотова об оппозиционном блоке. И. 1926. 229.

Из речи Троцкого на II Всероссийском съезде политпросветов (октябрь 1921). О книге «Смена Вех».

Интеллигентские настроения и чаяния. От октябрьских дней до поражения белогвардейщины. С. К. 1922. 15.

Интеллигентское примиренчество и большевизм. Р. Р. 1921. 14—15.

Интеллигенция и революция. Сборник статей М. Н. Покровского, Н. Л. Мещерякова, Вяч. Полонского и А. Воронского. М. 1922.

Интеллигенция и революция. П. Н. 1923. 1110.

Интеллигенция и Советская власть. (Беседа с редактором газеты «Накануне» проф. Ю. В. Ключниковым). И. 1922. 126.

Иорданская, Мария. Эмиграция и смерть Леонида Андреева. См. сборник «Родная земля». I. Нью-Йорк. 1920.

Иорданский, Н. Белое народничество. К. Р. 1923. 2.

— Обнищание интеллигенции. К. Р. 1922. 13—14.

Исбах. Уэллс, Ключников и Вандервельде. Раб. М. 1922. 124.

Исключение сменовеховцев. П. Н. 1922. 653.

Исповедь эмигранта по неволе. (По поводу книжки А. В. Пешехонова «Почему я не эмигрировал?»). П. Н. 1923. 942.

К. Т. «Профессионалы» Н. 1922. 219.

К высылке контр-революционной профессуры. П. 1922. 194.

К позорному столбу! Н. 1923. 472. (Ответ г-жи Кусковой).

К призыву «Стремления». Студенты. Революционная Россия. 1923. 30. Берлин.

К протесту Горького. Н. 1922. 86.

К ученым России. К. Т. 1920. 222.

Казанский, Ф. Еще о работе среди беспартийных. П. 1922. 242.

«Казачьи Думы». Общеказачий журнал. №№ 1—6. 1923. София. См. ст. С. Серапина «Идеология русской контр-революции».

Казмин, Н. Эмигрантские газеты. П. и Р. 1923. 4.

Калинин, М. И. Роль интеллигенции в нашем строительстве. И. 1925. 287.

Каменев, Л. Рабочая революция и наука. М. 1926.

Каменецкий, Б. Литературные заметки. Р. 1923. 652.

— Карфаген или Каносса? Р. 1923. 797.

— Пережить Россию. Р. 1923. 845.

Каменка, Б. Врач, исцелися сам. Р. 1923. 857. См. также П. Н. 1923. 1044.

Каминка, А. Завоевания революции и отдаленные перспективы. Р. 1923. 820.

Камский. Русские белогвардейцы в Китае. М. 1923.

Кантор, М. О «Смене вех». П. 1922. 141.

Кареев, Н. Философия дворянина нашего времени. П. З. М. 1923. 10.

Каренин, Е. Дезертир разлагается. Н. 1923. 249.

— Рыцари без Дамы. («Русская армия на чужбине»). Н. 1923. 451.

Карсавин, Л. Восток, запад и русская идея. П. 1922.

— О философской публицистике. Д. 1923. 128.

Каталог книг по общественным вопросам. М.—Л. Госиздат. 1926.

Качоровский, К. Р. Крестьянство и интеллигенция. С. З. 1921. 5.

— Трудовая демократия. См. сборник статей «Современные проблемы». Париж. 1922.

Кедр-Ливанский. Об экономистах из «Экономиста» и интеллигенции за границей. К. и Р. 1922. 7(19).

Керенский, А. Человеческий документ. (По поводу книжки А. В. Пешехонова «Почему я не эмигрировал?»). Д. 1923. 161.

Кизеветтер, А. Кокошкин и Шингарев. Р. 1923. 671.

Кин, Ф. «Спецы». (Опыт статистического обследования). П. 1922. 197.

Кипарисов, Ф. К съезду работников науки. И. 1923. 266.

Кирдецов, Г. О Ленине и смеховеховцах. Н. 1922. 32.

Киршон, В. Эмиграция и оппозиция. М —Л. 1927.

«Классовый прием». Р. 1923. 841.

Клейнборт, Л. М. Очерки рабочей интеллигенции. П. 1923.

Clemens, J. Новые вехи и русская государственность. См. сборник «О Смене вех».

Ключников, Ю. В. На великом историческом перепутьи. Берлин. 1922.

— Наш ответ. См. В. 1921. 4.

— Смена вех. См. сборник «Смена вех».

К-ов, С. Запутавшиеся. П. Н. 1923. 1060.

— Монархисты русские и еврейские. П. Н. 1923. 1051.

Ко II общестуденческому съезду. («Идеология» и «практика»). П. Н. 1922. 739.

Кольцов, Михаил. Философия мракобесия. П. 1924. 12.

— Изгнание из рая. П. 1925. 268.

Коммунизм и «Смена вех». Перелеты. Об. Д. 1921. 498.

Коммунист о «нововеховцах». В. Л. 1922. 1.

Кондратьев, Д. Зыбь эмигрантская. П. Н. 1923. 924.

Кононенко, П. Словарь-справочник по истории рабочего движения в России. М.—Л. 1925.

Корнюшин. О внутрипартийной и советской демократии. Харьков. 1926.

Кочаровский, К. Обновление народничества. Д. 1923. 176.
Кочаровский, К. Р. Возврат интеллигенции к крестьянству. Кр. Р. 1923. 5—6.
Краткий очерк возникновения деятельности совещаний и совета общественных деятелей. П. 1920. 66.
Критика «Накануне». П. Н. 1923. 1029.
Кричевский, М. Россия № 2 и Генуя. В. Н. К. И. Д. 1922. 4—5.
Ксенофонтов, Ф. К вопросу о советской демократии. П. 1926. 37.
Кудрявцев, Ф. Классовые теории В. А. Маклакова. Н. 1922. 47.
— П. Н. Милюков и «Смена Вех». Н. 1922. 26.
Кулишер, А. Новое положение и старый враг. П. Н. 1923. 907.
— Эмбриология большевизма. П. Н. 1923. 874.
Куприн, А. И. Сволочь. Р. Г. 1923. 9.
Курганский, В. Русские в Китае. Р. 1923. 849. 876.
Курчинский, М. А. Социальный закон, случай и свобода. Юрьев. 1922.
Кускова, Е. «Большевики — наши дети». П. Н. 1922. 737. 738.
— Борьба за власть. Д. 1923. 82.
— Возбудители энергии. П. Н. 1922. 749.
— Житейское. Д. 1923. 150.
— Или — или. П. Н. 1923. 1045. 1048. 1050. 1062. 1063. 1065. 1066.
— Ю. О. Мартов — Цедербаум. П. Н. 1923. 913.
— Монархист — комсомолец. П. Н. 1923. 1028.
— Неосновательные упреки. П. Н. 1922. 756.
— Нутро и разум. Д. 1923. 155.
— Е. Д. Кускова об интеллигенции. П. Н. 1922. 702.
— Об утопиях, реальностях и загадках. С. З. 1925. 26.
— Письма из Берлина. П. Н. 1923. 905. 910. 918. 922. 927. 942.
— Последыши. Д. 1923. 105.
— Прочные истины Г. Зиновьева. Д. 1923. 217.
— Следователям. Д. 1923. 297.
Л. Столпы Пражской эмиграции. Н. 1922. 129.
Л—, Б. Собеседование о русской интеллигенции. Р. 1922. 375.
Л-р, А. Разложение правых студенческих организаций. Р. 1922. 592.
— Русское студенчество и монархия. Доклад В. Д. Головачева. Р. 1923. 668.
— Студенчество в Советской России. Р. 1922. 574.
Лаврецкий, Вл. Новые и старые «Вехи». См. В. 1922. 16.
Лазерсон, М. Национал-большевизм. Зр. 1922. 2.
Ландау, Григорий. В шорах. Р. 1923. 894.
— Гуманность и демократизм. Р. 1923. 866.
— Демократия и социализм. Р. 1923. 686. 687.
— О бурном протесте. Р. 1922. 606.
— Полемическая жестикуляция. Р. 1923. 875.
Ларин, Ю. Интеллигенция и советы. М. 1924.
Лебедев-Полянский, П. И. О пролетарской культуре. Ростов-на-Дону. М. 1921.
Левидов, М. Организационное упрощение культуры. К. Н. 1923. 1.
Левин, Н. и Троцкий, И. Гражданская война в художественной прозе. Л. 1925.
Легимистская молодежь. П. Н. 1923. 929. См. в этом номере ст. Александра Валентинова «Ледоход».
Лежнев, И. Два поколения. Россия. 1923. 5.
— О зоркости одноглазой и двуглазой. Россия. 1922. 3.
— Письмо проф. Н. В. Устрялову. Россия. 1923. 9.
— Размен вех. Россия. 1923. 5.
— «Смена вех». Нов. Р. 1922. 1.
Леонидов, Мих. Организованное понижение культуры. Н. 1922. 113. 114.
Леонов, Леонид. Барсуки. Роман. (Взаимоотношения пролетариата и крестьянства).
Лери. Что видели сменовеховцы. Р. 1922. 551.
Либединский, Юрий. Неделя. Повесть (Впервые в альманахе «Наши дни». 1922. № 2).
— Комиссары. Л. 1926.
Лившиц, Я. «Вехи» и «Смена вех». (Диспут в Доме Литераторов). Л. Д. Л. 1922. 1—2.

Лившиц, Я. Новые и старые вехи. (Два собеседования в Доме Литераторов о сборнике «Смена вех»). Л. Д. Л. 1921. 3.
Лозовский, А. Дискуссии на эмигрантском кладбище. П. 1923. 212.
Лори, В. Онегин наших дней. Берлин. 1922.
Лукомский, Г. К. Архивы России и интеллигенция. Н. 1922. 129.
Лукьянов, С. С. Еще о диктатуре. Н. 1923. 234.
— История творит людей! Н. 1922. 179.
— Мысли о революции. Нов. Р. 1922. 1.
— От старого к новому. Н. 1922. 81.
— Равнодействующая. Н. 1922. 108.
— Революционное творчество культуры. См. В. 1921. 2.
— Революция и власть. См. сборник «Смена вех».
— Эволюция. См. В. 1921. 5.
— Эмигрантская культура. Н. 1923. 267.
Луначарский, А. Всероссийский съезд работников науки. И. 1923. 275.
— Интеллигенция в ее прошлом, настоящем и будущем. М. 1924.
— Интеллигенция и религия. М. 1925.
— А. В. Луначарский об интеллигенции. И. 1924. 65.
— Об интеллигенции. (Сборник статей). И. 1923.
— Праздник сплочения науки с Советской властью. И. 1923. 267.
— Смена вех интеллигентской общественности. К. и Ж. 1922. 1.
— III Интернационал и интеллигенция. К. И. 1921. 17.
Лутохин. Д. А. Интеллигенция под советами. Кр. Р. 1923. 5—6.
Лядов, М. О студенчестве, академизме и демократии. П. 1924. 6.
— Развернутая «рабочая демократия» и академизм. П. 1923. 287.
М. М. Трагедия русской интеллигенции. Прения по докладу Н. В. Авксентьева. П. Н. 1923. 977. 984. 990. 994.
М. Р. О социализме. (Теоретические мысли по поводу русского опыта). Р. 1923. 692.
М. Ю. Русская интеллигенция и ее отношение к советской власти. (Доклад С. С. Лукьянова). Н. 1924. 20.
Mayer, Paul. Немецкие писатели и экономический кризис. Н. 1923. 470.
Майский, И. Демократическая контр-революция. М. 1923.
Макаров, А. К психологии пролетарского студенчества. П. П. 1923. 5.
— Рабфаковец. П. П. 1923. 6.
Максим Горький о большевиках и интеллигенции. П. Н. 1922. 746.
Мальт, М. Рецензия на книгу Н. Мещерякова. На переломе. М. 1922. П. Р. 1922. 10.
Мартов, Л. Первый вывод. Соц. В. 1924. 7—8.
Мартынов, А. С. О меньшевизме и большевизме. М. 1923.
Матусевич, Иосиф. В Советском загоне. (По поводу письма Андрея Соболя). Р. 1923. 865.
Медынский, Е. Пробуждаясь... К. Н. 1923. 5.
Меж трех сосен. Р. 1923. 846. (По поводу «Социалистического Вестника»).
Между двумя утопиями. П. Н. 1923. 1023.
Мельгунов, С. «Мы и они». П. Н. 1923. 1000. (По поводу книги А. В. Пешехонова «Почему я не эмигрировал?»).
— Один документ. (По поводу «Общественного комит. помощи голодающим»). П. Н. 1923. 930. См. в № 941 поправки С. Прокоповича.
— Несколько слов об интеллигенции. Д. 1922. 45.
— «Пути революции». Д. 1923. 156.
Меньшевистские мечты и оппозиция. И. 1925. 298.
Меньшой, А. Россия № 2, эмигрантская. М. 1922.
Мережковский, Д. С. Толстой и большевизм. Об. Д. 1921. 188. 198.
Меркель, И. Ответ г. Валентинову. П. Н. 1922. 789.
Мещеряков, Н. Л. Без дороги. См. сб. «Интеллигенция и революция».
— Волна мистики. (Из настроений современной эмиграции). П. и Р. 1922. 2.
— Еще о «Смене вех». П. 1921. 261.
— Знамение времени. П. 1921. 231.
— Знамение времени. См. сборник статей «Смена вех». Киев. 1922.
— Крестьянство и революция. М.—Л. 1927.
— Мечты сменовеховства и их судьба. См. сб. «На идеологическом фронте борьбы с контр-революцией». М. 1923.

Мещеряков, Н. Л. На переломе. (Из настроений белогвардейской эмиграции). М. 1922.
— Новые вехи. См. сб. «Интеллигенция и революция». См. К. Н. 1921. 3.
— О новых настроениях русской буржуазной интеллигенции. П. и Р. 1921. 3.
— Современное студенчество и его нужды. См. «Высшая школа в Р. С. Ф. С. Р. и новое студенчество». П. 1923.
Миллер, В. Упрощенный рецепт создания рабочей интеллигенции. З. Р. 1922. 4—5.
Милюков, П. Логика ренегата. П. Н. 1922. 698.
— Мой ответ. П. Н. 1921. 427.
— В. Д. Набоков. П. Н. 1923. 901.
— Новое в прежнем и прежнее в новом. П. Н. 1921. 417.
— Ответ Е. Д. Кусковой. П. Н. 1922. 741.
— Привет В. А. Мякотину. (По поводу его приезда в Париж). П. Н. 1923. 854.
— Республика и монархия. (Доклад в собрании респ.-дем. клуба в Париже, 22 фев. 1923). П. Н. 1923. 877 и след.
— Россия и демократическая эмиграция. (Доклад в первом публичном заседании респ.-дем. клуба в Праге, 5 июня 1923 г.). П. Н. 1923. 983. 984.
— М. А. Стахович. П. Н. 1923. 1052. Р. 1923. 863. Д. 1923. 277.
— Эволюция — моя или России? П. Н. 1922. 692.
Минский, Н. М. Манифест интеллигентных работников. См. сборник «Современные проблемы». Париж. 1922.
Мирский, Бор. Без идеи. Д. 1923. 255.
  Борьба за человека. П. Н. 1923. 1051.
— В изгнании. Париж. 1923.
— Власть и родина. П. Н. 1923. 1025.
— Внутренняя эмиграция. П. Н. 1922. 728.
— Гизо «Нового Времени». П. Н. 1923. 1058.
— Дурные пастыри. П. Н. 1923. 1039.
— Искатели прошлого. П. Н. 1923. 1066.
— Клерикалы. Д. 1923. 250.
— Ненаписанная книга. П. Н. 1921. 441.
— Новые люди. П. Н. 1922. 791.
— О смысле спора. П. Н. 1923. 927.
— Обывательское покаяние. П. Н. 1923. 858.
— «Отечество и собственность». П. Н. 1923. 903.
— Пастыри реакции. П. Н. 1922. 704.
— «Подорожная книга». П. Н. 1922. 766.
— Сказка о царевиче. П. Н. 1923. 1020.
Мирянин. Батюшки. Р. 1923. 793.
Митрофанов, А. Деревенская производственно-техническая интеллигенция как объект идеологического воздействия партии. К. Р. 1923. 7, стр. 32—38.
— Об идеологическом фронте в деревне. К. Р. 1923. 7. 8. Есть и отд. изд.
Много шума... П. Н. 1926. 1827.
Монархисты. П. Н. 1921. 445.
Монархисты без монархии. П. Н. 1923. 921. 1021.
Монархический «молодняк». П. Н. 1923. 923.
Морфология и физиология большевизма. П. Н. 1923. 882.
Мужик и цилиндр. П. Н. 1922. 721.
Муйжель, В. Жабы. См. В. 1921. 3.
— История одного романа. Нов. Р. 1922. 1.
Мусин, Б. Рабочая демократия. Н. 1923. 503. 505.
Мякотин, В. Памяти В. Г. Короленко. П. Н. 1923. 991.
Н. А. Национальный вопрос. (Доклад П. Н. Милюкова в Праге 17 апреля 1924 г.) П. Н. 1924. 1229. 1230. 1234.
Н. А. Русское студенчество и чешская буржуазия. Н. 1922. 98.
Н. К. За бортом жизни. Р. 1922. 570.
Н. М. Горькое признание. См. сборник статей «Смена вех». Киев. 1922.
Н. П. «Социалистические» идеологи бонапартизма. К. Р. 1923. 2.
Н. П. В. «Сдвиги в России и эмиграции». П. Н. 1926. 1821. 1826. Четвертый фронт. 1821.

На двух языках. Н. 1923. 471.

На докладе Н. А. Бердяева. Р. 1923. 672. 678.

На идеологическом фронте борьбы с контр-революцией. М. 1923.

«На чужой стороне». (По поводу сборника «На чужой стороне»). П. Н. 1923. 883.

Надо создать кадр строителей индустрии. Из доклада И. В. Сталина. Н. 1926. 89.

Наживин, И. Среди потухших маяков. Берлин. 1922.

Накануне. (Передовая статья). Н. 1922. 1.

Настроения интеллигенции. П. Н. 1923. 1014.

«Национально-мыслящая» молодежь и революция. П. Н. 1923. 913.

Невский, А. Предметный указатель избранной литературы по полит-просвет-работе. М.—Л. 1925.

Никитин, Вас. Три тройки. См. сборник статей «Смена вех». Киев. 1922.

Новая интеллигенция. П. Н. 1922. 810.

Новая оппозиция. Сборник материалов о дискуссии 1925 года. Л. 1926.

Новгородцев, П. Об общественном идеале. Берлин. 1921.

Новое славянофильство. П. Н. 1923. 947.

Новомирский, Я. На пороге. (Коммунизм и интеллигенция) К. и Р. 1920. 5.

Новорежимные реакционеры. П. Н. 1922. 791.

Новые мирнообновленцы. П. Н. 1921. 428.

Новые свидетели. П. Н. 1922. 763.

Норин, А. Объективный приговор. Н. 1923. 269.

Н-ский, Б. Исторические журналы в Советской России. Л. Р. 1923. 1.

О делах церковных. Р. 1923. 844.

О демократической аграрной программе. П. Н. 1923. 1017.

О закрытии высших учебных заведений в России. Н. 1922. 33.

«О любви к отечеству». Д. 1923. 257.

О настроениях российской интеллигенции. Н. 1923. 265.

О политическом реализме. П. Н. 1921. 446.

О Смене вех. 1. А. С. Изгоев — «Вехи» и «Смена вех». 2. J. Clemens — Новые вехи и русская государственность. 3. П. К. Губер — Судьбы Третьего Рима. 4. А. К. Петрищев — Чужие земляки. П. 1922.

Об интеллигенции. См. Резолюция XIV Московской губпартконференции. П. 1925. 280.

Оберучев, К. Что стоит на пути в Россию? Д. 1923. 197.

Оболенский, В. О кризисе социализма. П. Н. 1924. 1156.

Обращение к ученым. К. Т. 1920. № от 14 декабря. (Исторический документ).

—ой. Голодающая интеллигенция. П. Н. 1922. 820.

Окунев, Як. «Бестактные речи». См. На грани. Девушка в черном. Дым отечества. Опрощение богов. П. 1922. 160. 164. 172. 185.

— Мертвый писатель. П. 1922. 225.

А. Олар о русской демократии. П. Н. 1923. 1034.

Ольшевец, М. Вечерком за чаем... (О профессорско-кулацком «сродстве душ»). И. 1926. 129. 138. 231. 275.

Оппозиционный блок на трибуне ПККИ. Большевик. 1926. 23—24.

Ор., Бор. «Разногласия в русском вопросе». (Доклад Е. Д. Кусковой). Р. 1922. 527.

Д'Ор, О. Л. Зарубежная белогвардейщина. П. 1923. 116.

Оречкин, Бор. Анархисты. Р. 1923. 803.

— Кризис русской колонии. Р. 1923. 868. 869.

Орланский, А. Когда молодежь пришла... Н. 1923. 275.

— Предстоящий съезд российских студентов, обучающихся за рубежом. Н. 1922. 217. 221. 223. 224. 230. 239.

— Студенческая жизнь. Н. 1922. 138. 144. 183. 188. 193. 206.

Осинский, Н. Современные писатели и революционный народ. П. 1922. 192.

Осоргин, Мих. Андрею Соболю. П. Н. 1923. 1061.

— «Взаимное понимание». П. Н. 1923. 1122.

— Новая интеллигенция. Д. 1922. 32.

— Описка Андрея Белого. П. Н. 1923. 1031.

— О студенчестве. Д. 1922. 49.

Оссовский, Я. Партия к XIV съезду. Большевик. 1926. 14. См. здесь же ст. А. Слепкова.

От парижской демократической группы партии Народной Свободы. П. Н. 1921. 426.
От реакционности — к признанию Советской власти. (Из доклада тов. Троцкого на Всероссийском съезде политпросветов). См. сборник статей «Смена вех». Киев. 1922.
Ответ МК РКП (б.) на декларацию ленинградской губпартконференции. П. 1925. 296.
Открытое письмо т. Троцкому членов РКП, учащихся вузов и рабфаков г. Москвы. П. 1924. 7. 9.
Офицерство и политика. П. Н. 1923. 1055.
П. В. Два доклада. П. Н. 1923. 1010.
П-в, А. «Разногласия в русском вопросе». Н. 1922. 115.
П. М. Е. Кускова и эмиграция. П. Н. 1922. 756.
П. Ш. Интеллигенция и эмиграция. П. 1925. 185.
— Три конфликта. П. 1926. 9. 10.
— Уже! П. 1926. 7.
— «Смена Вех». Р. 1921. 313.
Павлович, М. Профессор-идеалист на великом перепутьи. П. и Р. 1923. 2.
Панов, Л. Русская общественность и государственность. Н. 1924. 37.
Парнах, Валентин. Эмиграция в Париже и Берлине. П. 1922. 296.
Партия и воспитание смены. Л. 1924.
Пасманик, Д. «Благотворные плоды яда». (По поводу сборника статей: «Смена вех»). Об. Д. 1921. 452.
— Интеллигентские позиции. Об. Д. 1921. 348.
— Кризис партии Народной Свободы. Об. Д. 1921. 364.
— Правый и левый кадетизм. Об. Д. 1921. 419.
— Примиренчество проф. Н. Устрялова. Об. Д. 1921. 355.
— Приспособление или протест? (По поводу книги профессора Устрялова). Об. Д. 1921. 231.
Пасманик, Д., д-р. Русская революция и еврейство (большевизм и иудаизм). Париж. 1923.
Первое предостережение. П. 1922. 194.
Первухин, М. «Урок русской революции». Р. 1922. 571.
Первые шаги р. д. объединения студенчества. П. Н. 1923. 928.
Передовая статья. Накануне. Берлин. 1922. 187.
Петрищев, А. Бахари. Д. 1923. 296.
— Гастрономия и патриотизм П. Б. Струве. Д. 1923. 141.
— Забытая годовщина. Л. З. 1922. 1.
— По этапам демагогии. Д. 1923. 256.
— Сменовеховство или безвеховство? Д. 1923. 101.
— Чужие земляки. См. сборник «О Смене вех».
Петроградские письма. Н. 1922. 116.
Пешехонов, А. В. К вопросу о социальной трансформации России. С. З. 1923. 3.
— Не много о «лице», а больше о «деле». (Ответ С. Маслову). Д. 1923. 59.
— Почему я не эмигрировал? Берлин. 1923. (Книга написана в течение ноября 1922 г. в Риге).
Письма тов. Троцкого о «Новом курсе» и ответ на него редакции Центр. Органа РКП — «Правды». Тверь. 1924.
Письмо Горького. Из письма: «Людей разума не так много на земле, чтобы мы имели право не ценить их значение». Н. 1922. 139.
Письмо Ленина. П. Н. 1921. 416.
Письмо Маяковского Горькому. Новый Леф. 1927. 1.
Платонов, А. Душеспасительное самосечение. К. Р. 1923. 5.
Платформа Шляпникова и Медведева. М.—Л. 1927. См. также «Большевик». 1926. 17.
По газетным столбцам. (Бывший министр иностранных дел Эстонии проф. Пейп о новой русской интеллигенции). Н. 1923. 459.
Победит пролетарий. Г. 1921. 428.
Познер, С. Большевики и государственность. (По поводу книжки А. В. Пешехонова «Почему я не эмигрировал?»). П. Н. 1923. 988. 997.
— Загонщики. П. Н. 1923. 1052.
— Компартия. П. Н. 1923. 925.

Познер, С. На распутьи. П. Н. 1923. 873.
— «Новая интеллигенция». П. Н. 1922. 817.
— Русское студенчество. П. Н. 1922. 613.
— Служба большевикам и служба России. П. Н. 1923. 981. (По поводу книжки А. В. Пешехонова «Почему я не эмигрировал?»).
— «Что делать?» П. Н. 1923. 859.
— Эмиграция и Россия. П. Н. 1922. 767.
Покровский, М. Н. Кающаяся интеллигенция. К. И. 1922. 20.
— Кающаяся интеллигенция. См. сб. «Интеллигенция и революция».
— Московская интеллигенция и контр-революция. П. 1920. 66.
— Наши спецы в их собственном изображении. К. Н. 1922. 1.
— Противоречия г. Милюкова. См. сб. Интеллигенция и революция».
— Разложение продолжается. См. сб. «Интеллигенция и революция».
— Старое о Наркомпросе. (Ответ на статью «Новое среди интеллигенции»). П. 1920. 150.
— Что установил процесс так называемых «социалистов-революционеров». М. 1922.
Полемика берлинской группы. П. Н. 1921. 435.
Полемика о демократии. П. Н. 1923. 934.
Политика. Н. 1923. 464.
Положение интеллигенции в России. Р. 1923. 866. 867.
Политическая эволюция казачества. Н. Н. 1923. 989.
Политические споры в Берлине. Н. Н. 1923. 907.
Полонский, Вяч. Заметки о культуре и некультурности. К. Н. 1923. 3.
— Заметки об интеллигенции. К. Н. 1924. **1.**
— Из белой литературы. К. Н. 1923. 4.
— Нителлигенция и революция в романе В. В. Вересаева («В тупике»). П. и Р. 1924. **1.**
— Искатели «объективной» истины. См. сб. «Интеллигенция и революция».
— На распутьи. П. и Р. 1921. 3.
— На распутьи. См. сб. «Интеллигенция и революция».
— Новые похождения Ивана Наживина. П. и Р. 1923. 2.
— Русский обыватель в эпоху великой революции. См. сб. «Интеллигенция и революция».
— Уходящая Русь. Статьи об интеллигенции. М. 1924.
— Человек в маске. П. и Р. 1923. 4.
Полукоммунист. История одного завода и интеллигентская мягкотелость. П. 1922. 189.
Поляков, С. (Литовцев). Апостольство или недоразумение? П. Н 1924. 1175.
— Русская интеллигенция и русская литература. Д. 1923. 67.
Полянский, В. Социологический метод проф. Сакулина. См. сборники «Воинствующий материалист». Книга пятая. М. 1925.
Помощь интеллигенции. П. Н. 1922. 710.
Попов, Н. Н. Мелкобуржазные антисоветские партии. М. 1924.
После Термидора. См. В. 1921. 9.
Пособники. Н. 1923. 472.
Пособничество белому террору? Ждем ответа! Н. 1923. 466. 468. 469.
Потехин, Ю. Без союзников и без тактики. Н. 1922. 20.
— Борьба за личность. См. В. 1921. 10.
— Павлины без перьев. М. 1924.
— Фатальный тупик. См. В. 1921. 2.
— Физика и метафизика русской революции. См. сборник «Смена вех».
— Цвета и цветы эмиграции. Н. 1922. 205.
— Церковное омоложение. Н. 1923. 420.
Потресов. Интернационал и комсомополитизм.
Правда о нашей позиции. Л. П. 1925. 298.
Правые и левые с. р.-ы. П. Н. 1923. 880.
Правый кадетизм. П. Н. 1921. 422.
Пределы лояльности и революционности. П. Н. 1923. 1016.
Преображенский, Е. Обломки Старой России. П. З. М. 1922. 1—2.
— Пятое сословие. П. 1920. 66.

Преследование «России № 2¹/₂». П. Н. 1922. 737.
Преследования интеллигенции. П. Н. 1922. 724.
Приживальщики революции или сторонники ее? (О сменовеховцах). П. 1922. 163.
«Приживальщики революции или сторонники ее». Н. 1922. 96.
Признания Горького. П. Н. 1921. 446.
Провал монархистов. П. Н. 1923. 988.
Программа монархической партии. П. Н. 1923. 886.
Программа р. д. теперь и в 1917 г. П. Н. 1923. 980.
Программная статья. См. В. 1921. 1.
Прокопович, С. Нет элементарной порядочности. Д. 1923. 282.
— Пора. П. Н. 1923. 1017.
Путь советской общественности. И. 1926. 4.
Пчелинцев, И. Смена вех. Рассказ. М. Гв. 1923. 6.
Пятнадцатая Конференция Всесоюзной Коммунистической Партии (б). Стенографический отчет. М.—Л. 1927.

Р. Д. Зарубежное студенчество. И. 1923. 29.
Р. С. Положение интеллигенции в России. П. Н. 1924. 1207.
Р. Ш. Без пафоса. Р. 1923. 792.
Рабочие и буржуазная интеллигенция на процессе эсеров. П. 1922. 127.
Рабы лукавые. Д. 1923. 260.
Радек, К. Для нашей интеллигенции. П. 1920. 54.
— Партия капиталистической реставрации. С. К. 1922. 17.
Разложение социализма. Р. 1923. 796.
Разочарованный Ключников. П. Н. 1922. 722. И. 1927. 13, стр. 7.
Ракитин, Ю. Двойная обида. Нов. В. 1923. 727.
Раковский, Григорий. На съезде казаков. Д. 1923. 277. 281.
— Современная Россия и задачи эмиграции. Д. 1923. 188.
Раковский и лояльность. П. Н. 1923. 1033.
Расправа. Н. 1923. 239.
Реальная политика в революции. П. Н. 1923. 1039.
Революционная непоследовательность. Р. 1923. 839.
Рейснер, Лариса. Против литературного бандитизма. Журналист. 1926. 1.
Рейснер, М. А. Государство буржуазии и Р. С. Ф. С. Р. М. 1923.
— Интеллигенция, как предмет изучения в плане научной работы. П. и Р. 1922. 1.
Респ.-демократические группировки. П. Н. 1923. 903.
Республиканско-демократический клуб в Праге. П. Н. 1923. 917. См. на 1-ой и на 2-ой стр.
Реставрация народничества. П. Н. 1923. 901.
Розанов, Я. «Сменовеховский» генерал о Красной армии. См. сб. статей «Смена вех». Киев. 1922.
Роль заграницы. П. Н. 1923. 1067.
Роль интеллигенции в советском строительстве. П. К. П. 1926. 2. См. ст. Штейнбаха.
Ропшин, В. (Савинков, Б). Конь вороной. М. 1924.
Рославлев, Б. А. Audiatur et altera pars. Н. 1922. 118.
Россиянин. Бессмысленные мечтания. Д. 1923. 113.
Ростовцев, М., проф. Большевики и интеллигенция. См. сборник «Родная земля». I. Нью-Йорк. 1920.
— Наука и классовый фанатизм. Об. Д. 1921. 267.
— Русская интеллигенция. Об. Д. 1921. 334.
Русаков, С. Т. О современных настроениях интеллигенции. См. ж. «Пути марксизма». 1923. I. Томск.
Русская интеллигенция в Советороссии. Об. Д. 1921. 306. См. «Красная Газета». 1921. 85. 89. 93. «Маховик». 1901. 79.
Русская эмиграция в Бразилии. Р. 1923. 875. 877.
Русская эмиграция и Нансен. Р. 1923. 846.
Русские в Париже. Р. 1923. 844.
Русские студенты в Харбине. Р. 1923. 860.
Русский студент. С. Г. 1923. 4.
Русское правосознание и революция. П. Н. 1923. 857.

58

Русское студенчество в Тунисской области. (По материалам Союза Русск. Студентов). П. Н. 1922. 731.
Рыклин, Г. В борьбе за советскую общественность. И. 1924. 175.
Рыков, А. И. «Платформа четырех». И. 1925. 297.
— Об итогах объединенного пленума ЦК и ЦКК ВКП (б.) 14—23 июля 1926 г.
Рысс, Петр. Без вех. П. Н. 1921. 439.
— Без изменения. П. Н. 1921. 435.
— Русский опыт. Paris. 1921.
— Старый спор. П. Н. 1922. 814.
Рютин, М. Сменовеховцы и пролетарская революция. Ростов-на-Дону. 1924.
С. Отношение к революции русской интеллигенции в Советской России и за рубежом. Р. М. 1923. 1—2.
С. «Смена вех» перед судом Москвы. П. Н. 1922. 84.
С. Л. На полпути. Н. 1922. 6.
С. Я. Беседа об эмиграции. Д. 1923. 140.
— Демократия и социализм, как проблемы духа. Д. 1923. 89.
— О социализме и большевизме. Д. 1923. 109. (Доклад Б. Д. Бруцкуса).
С другого берега. (По поводу «Смены Вех»). См. В. 1921. 6.
С того берега. (Советская и пролетарская печать о «Смене Вех»). См. В. 1921. 6.
С‘езд Национального Объединения. Об. Д. 1921. 325. 326. 327. 328. 329. 330. 331. 332. 333. 336. 337.
С‘езд русского студенчества. Об. Д. 1921. 470. 498. 508.
С‘езд русской профессуры в Праге. Об. Д. 1921. 454. 458. 460.
Савинков, Борис. Посмертные статьи и письма. М. 1926.
— Почему я признал советскую власть. П. 1924. 208. 210.
Савич, Ив. О «новом» студенчестве. П. Н. 1923. 862.
— Сменовеховство и молодежь. П. Н. 1923. 911. 912.
Савич, К. И. Что ждет возвращающихся в СССР. Н. 1924. 91
Садыкер, П. «Вехи Смен». (Лекция профессора А. М. Городцева). См. В. 1922. 11.
Сафаров, Г. Как было дело. Л. П. 1925. 298.
— Нэпман на службе у нэпмана. П. 1922. 117.
— Основы ленинизма. Л. 1925.
— «Россия № 2¹/₂». П. 1922. 192.
Свердловцы. Развенутая демократия и академизм. (Ответ на ст. т. Лядова Развернутая «рабочая демократия» и академизм). П. 1924. 6.
Светлый луч. Р. 1923. 676.
Свияжский, В. Студенческая жизнь. Н. 1922. 151. 199. 1923. 257. См. еще Съезд.
Свияжский, Л. Новый студенческий праздник. Н. 1924. 44.
    эмигрантских юристов. Обывательская «социология».
Своевременно-ли «строительство партии». П. Н. 1923. 938.
Седьмой расширенный пленум ИККИ. Стенографический отчет. М.—Л. 1927.
Семашко, Н. Интеллигенция и голод. П. 1922. 19.
Серафимович, А. Железный поток. Повесть.
Сергеев, В. Три года в Советской России. Paris. 1921. См. «Городское население». (Чиновничество, интеллигенция, буржуазия).
Серебрянский, 3. Иного нет пути. См. сборник статей «Смена вех». Киев. 1922.
Сизов, Ан. Историческое заседание питерских ученых. И. 1923. 259.
Сиповский, В. В. Интеллигенция и народ. См. его «Поэзия народа». П. 1923.
Скачко, А. Попутчики. М. 1923.
Слепков, А. Оппозиционные течения внутри ВКП (б.). М.—Л. 1926.
Сложение сил. Н. 1923. 503.
Смена Вех. Еженедельный журнал под редакцией Ю. В. Ключникова. Париж. 29 октября 1921 г. № 1 по 24 декабря 1921 г. № 9.
Смена вех. Сборник статей Ю. В. Ключникова, Н. В. Устрялова, С. С. Лукьянова, А. В. Бобрищева-Пушкина, С. С. Чахотина и Ю. Н. Потехина. Июль. 1921 г. Прага.
Смена вех. Сборник статей о «Смене вех» Н. Мещерякова, Ю. Стеклова, З. Серебрянского, Н. Гредескула, Л. Троцкого. Н. М., Х. Т., Я. Розанова и Вас. Никитина. Киев. 1922.
«Смена вех» в студенчестве. П. Н. 1922. 689.

Сменовеховцы в Москве. П. Н. 1922. 689.

«Сменовеховцы», эмиграция и Россия. П. Н. 1922. 597.

Смычка науки и труда. Н. 1923. 488.

«Смычка» с наукой. П. Н. 1923. 1115.

Соболь, Андрей. Открытое письмо. П. 1923. 207.

— Открытое письмо. На Посту. 1923. 2—3. (Характерный документ русской общественности).

Современные писатели и революционный народ. П. 1922. 188.

Современные проблемы. Сборник статей. Париж. 1922.

Сорин, Вл. Партия и оппозиция. Из истории оппозиционных течений. М. 1925.

Сорокин, Пит. Как мы жили... Д. 1922. 3.

— Основы идеологии грядущей России. Прага. 1923. (В этом докладе говорится о будущей американизированной интеллигенции).

— «Смена вех», как социальный симптом. В. Л. 1921. 12.

— Современная интеллигенция. Д. 1922. 20.

Сосновский, Л. Новое среди интеллигенции. П. 1920. 148.

— Предостережение русской интеллигенции. П. 1923. 247.

Социализм и демократия. П. Н. 1923. 866.

Социализм и революция. П. Н. 1923. 979.

Социалисты между собою. Р. 1923. 792.

Социальная физиономия интеллигенции. Б. Л. и Ж. 1924. 1.

Социальные последствия русской революции. Д. 1923. 216. (Доклад А. В. Пешехонова в Иене).

Спа. Долгожданный союз. Н. 1923. 491.

Спасский, А. Разговор с Шаляпиным. Н. 1922. 134.

— Что Вы называете «понижением»? Н. 1922. 123.

Среди студентов. Д. 1922. 45. 50. 52. Съезд иждивенцев Совнаркома. Съезд сменовеховского студенчества.

«Срединное» студенчество. П. Н. 1922. 777.

С.—ры о признании. П. Н. 1923. 1052.

Сталин, И. В. Ответ оппозиции. Л. 1926.

Старики и молодежь. Р. 1922. 583.

Старчаков, А. Раб лукавый. И. 1926. 197.

Старый и новый кадетизм. П. Н. 1921. 427.

Стеклов, Ю. Буржуазная интеллигенция в русской пролетарской революции. К. И. 1921. 19.

— Пособники и укрыватели. И. 1923. 264.

— Прощение обманутым. См. сборник «Смена вех». Киев. 1922.

— Психологический перелом. И. 1921. 229.

— Психологический перелом. (О сб. «Смена вех»). См. сб. «Смена вех» Киев. 1922.

— Работники науки и пролетариат. И. 1923. 259.

— Разоблаченный сучий куток. И. 1923. 254.

Степанов, И. О «Смене вех» в церкви и о наших задачах. К. Р. 1922. 9—10.

Степун, Ф. По поводу письма Н. А. Бердяева. С. З. 1925. 24 и 23.

Сторонники интервенции. П. Н. 1923. 1026.

«Стремление». № 1 январь — февраль 1923 г. Студенческий журнал. Москва. (Переиздан редакцией газеты «Дни». Берлин. 1923).

«Стремление». № 2. См. ж. «Революционная Россия». 1923. 31. Берлин.

«Стремление». П. Н. 1923. 985.

Струве, Петр. На духовных развалинах народничества и марксизма. Р. М. 1923. 3—4.

Студент. «Истинно-русское» студенчество. П. Н. 1922. 779.

Студент. Раскол пражского студенчества. Н. 1922. 16.

Студент. Русское студенчество в Праге. См. В. 1921. 4.

Студенты. П. Н. 1922. 593.

«Студенческие Годы». 1923. 3. Берлин. См. в публицистическом отделе статьи о различных идеологических течениях в среде эмигрантского студенчества.

Студенческие настроения. Р. 1923. 703.

Субботовский, И. Союзники, русские реакционеры и интервенция. Л. 1926.

Суд над «кадетской тактикой». П. Н. 1923. 1000.

Судьбы современной интеллигенции. Доклад А. В. Луначарского и речи: П. Н. Сакулина, Н. И. Бухарина, Ю. В. Ключникова. М. «Московский Рабочий». 1925.

Сухомлин, В. В. Демократия и революция. В. Р. 1923. 11.

Существует ли не социалистическая демократия. П. Н. 1923. 924.

Тан. Надо жить. Нов. Р. 1922. 1.

— «Сменовехи» в Петрограде. Россия. 1922. I.

Тасин, Н. Два слова о Дроздове. Д. 1922. 46.

Татаринов, В. Социалистический иезуит. Р. 1923. 701.

Терне, А. М. Новое учение о социологии. Берлин. 1921.

Тимашев, Н. С. Что же нам делать? Р. 1923. 690. Из серии писем о старой и новой России, помещенных в этой газете за 1922 и 1923 гг.

Толстой, А. Н. Черная пятница. Л.

Томский, М. Партия и оппозиция. М.—Л. 1926.

Тр., Ал. «Безбожник». Д. 1923. 250.

Треплев, К. Пражская буффонада. Н. 1923. 471.

Трехлетие «Последних Новостей». П. Н. 1923. 926.

Троцкий, Л. Вне-октябрьская литература. П. 1922. 209. 210. 221. 222. 224. См. также его Литература и революция. М. 1924.

— К первому всероссийскому съезду научных работников. И. 1923. 269. П. 1923. 267.

— Новый курс. М. 1924.

— Партийная политика в искусстве. П. 1923. 209.

— Предусмотрительная гуманность. П. 1922. 193. См. «Беседа тов. Троцкого с американской журналисткой».

— Пять лет Коминтерна. М. 1924.

Углубление перелома. (Лекция Н. А. Гредескула). И. 1920. 122.

Устрялов, Н. Две реакции. См. В. 1921. 4.

— Народ в революции. Н. 1922. 1.

— Национал-большевизм. (Ответ П. Б. Струве). См. В. 1921. 3.

— Обмирщение. Россия. 1923. 9.

— Patriotica. См. сборник «Смена вех».

— Перспективы примирения. Н. 1922. 42.

— Под знаком революции. Харбин. 1925.

— Проблема «возвращения». См. В. 1922. 11.

— Пророческий бред. (Герцен в свете русской революции). См. В. 1922. 18.

— Смысл встречи. Н. 1922. 34.

— Старорежимным радикалам. Н. 1922. 185.

— Три борьбы. См. В. 1922. 16.

— 1917—1922. Н. 1922. 223.

— У окна вагона. Нов. Р. 1926. 2. 3. Есть отд. изд. Харбин. 1926.

— Фрагменты. Н. 1922. 49.

— Фрагменты. (К модной теме о «кризисе демократии»). Н. 1924. 43.

— Эволюция и тактика. См. В. 1922. 13.

Ф. Высшая школа в Сов. России. П. Н. 1922. 762.

— Русское студенчество в Америке. Р. 1923. 676.

Фаусек, Ю. Молодежь. Нов. Р. 1922. 1.

Федин, Конст. Города и годы. (Проблема войны и революции).

Федоров, А. Леонид Андреев. Об. Д. 1921. 247. 248. 249.

Фердман, Юлий. Один Плеханов или несколько. П. Н. 1923. 995.

— Плеханов и Ленин. Д. 1923. 174.

Фридлянд, Ц. Идеологи буржуазной реставрации. П. и Р. 1923. 1.

Фриче, В. Корифеи мировой литературы и Советская Россия. М. 1922.

Фущкий, М. К вопросу о возрождении буржуазной идеологии. С. Ог. 1922. 5.

X. Т. О политических свободах в буржуазной демократии, терроре и проч. См. сборник статей «Смена вех». Киев. 1922.

Халатов, Арт. О специалистах. К последнему решению пленума ЦК РКП (б.). М.—Л. 1926.

Харитон, Б. К истории нашей высылки. Д. 1923. 88.

Харитон, Б. История одной книги. (Из воспоминаний о недавнем прошлом). Р. 1923. 695.

Харченко, А. Гальванизированный мертвец. Н. 1922. 163.

— Паноптикум. Н. 1922. 116.

Х-ин, И. «Мы» и «Они». Р. 1921. 278.

Ходоровский, И. Подготовка красных спецов. П. 1925. 273.

Ценная характеристика. Р. 1923. 866.

Ц-к, Як. «Добитое» студенчество. П. Н. 1922. 764.

— Петроградское студенчество. П. Н. 1922. 768.

Чахотин, С. С. В Каноссу! См. сборник «Смена вех».

— Интеллигенция, сменовеховство, коммунизм. Н. 1922. 135.

— Лицо трудовой интеллигенции. Н. 1922. 137.

— Психология примирения. См. В. 1922. 15.

Старый спор. Н. 1923. 257.

Чернов, Виктор. Горький — защитник и Горький — обвинитель. Гол. Р. 1922. 1076.

— Горький и крестьянство. Гол. Р. 1922. 1073. 1074.

— О демократии и трудовом цензе. Революционная Россия. 1923. 30. Берлин.

Черновцы о р. д. «объединении». П. Н. 1923. 949.

Черно-красная демагогия. П. Н. 1923. 1051.

Чертков, Д. К. Общественные классы. Л. 1926.

Чесляр, Р. Русское студенчество в Германии. П. Н. 1923. 1038.

Четырнадцатый съезд Всесоюзной Коммунистической Партии (б). Стенографический отчет. М. 1926.

Чириков, Евгений. Карамазовский черт. Об. Д. 1921. 183.

— Смердяков русской революции. София. 1921.

Членов, С. Интеллигенция на распутьи. См. В. 1921. 9.

— Новая интеллигенция. См. В. 1921. 4.

Шаг вперед в аграрном споре. П. Н. 1923. 1047.

Шаг назад. П. Н. 1923. 861.

Ш-д, Б. Доклад С. А. Лозовского «Интеллигенция и профессиональное движение в России». Н. 1923. 298.

Шенфельд, Б. М. (Россов). Заживающая рана. Н. 1923. 497.

Шифман, М. Л. Об интеллигенции. В. И. 1922. 26.

Школа в Сов. России. П. Н. 1922. 747. 748.

Шмидт, Л. «Отечественные эмигранты». П. 1922. 133.

Шмурло, Е. История России. 862—1917. Мюнхен. 1922. См. «Общество и Правительство». Стр. 508 и 528.

Шпонька, Иван. О том, как поссорились... И. 1926. 77.

Шрейдер, А. Очерки философии народничества. Берлин. 1923.

Шрейдер, Гр. Демократические свободы и сильная власть. Революционная Россия. 1923. 30. Берлин.

Штейн, В. Эвгенические мысли о русской интеллигенции. В. Л. 1922. 2—3

Штейн, Сергей. В ударном порядке. П. Н. 1923. 1052. (О помощи интеллигенции в России).

Штейнберг, А. З. Система свободы Достоевского. Берлин. 1923.

Штерн, С. В тисках нищеты. П. Н. 1923. 1114.

Шульгин, В. Записки. София. 1922.

Щербина, Ф. А. Законы эволюции и русский большевизм. Белград. 1921.

Э. Б. Художественная интеллигенция на переломе. В. Р. И. 1920. 1.

Эволюцинируют-ли большевики. (Доклад П. Н. Милюкова). П. Н. 1923. 934.

Эйхенбаум, Б. В ожидании литературы. Русский Современник. 1924. 1.

Эльяшов, Мих. Беседа с А. В. Пешехоновым. П. Н. 1922. 763.

«Эмигрантская»-ли точка зрения. П. Н. 1923. 918.

«Эмигранты» внутри России. П. Н. 1922. 657.

Эмиграция и Россия. П. Н. 1923. 1122.

Эрдэ. Конец сменовехизма. И. 1924. 142.

— Максим Горький и интеллигенция. М. 1923.

— Русская интеллигенция, эмиграция и «Смена Вех». П. 1922. 142.

— Советская общественность. И. 1923. 264.

Эренбург, Илья. Жизнь и гибель Николая Курбова. Роман. М. 1923.

Юшкевич, П. С. Российский иллюзионизм. (К вопросу об интеллигенции). Объединение. 1920. 5.

Я. Ц. Из черной книги. (Жизнь зарубежного студенчества). П. Н. 1922. 718.

Яблоновский, Александр. Короткая память. Р. 1923. 726.

— Семь образованных мужчин. Об. Д. 1921. 427.

Яковлев, Л. Ценные признания. Н. 1922. 34.

Яковлев, Я. Буржуазия против буржуазной революции. К. Р. 1923. 5.

— Ленин о советской демократии. Советское Строительство. 1926. IV—V.

Янишевский, А., проф. Русская революционная стихия и ее деятели. Об. Д. 1921. 339.

Ярославский, Ем. Новая оппозиция и троцкизм. Л. 1926.

Ять. Интеллигенция и советская власть. Д. 1922. 35.

Ященко, А. С. Кризис интеллигенции и новая идеология. См. ст. В. Каменецкого «Литературные заметки». Р. 1923. 688.

N. «Азбука коммунизма». П. Н. 1923. 998.

— За чтением Герцена. П. Н. 1923. 889.

— Русские студенты в Праге. П. Н. 1922. 686.

N. О критике «Смены Вех». См. В. 1921. I.

W. Репин. Р. 1922. 576.

Z. К познанию происшедшего. Р. М. 1923. 3—4.

Н. М. СОМОВ

БИБЛИОГРАФИЯ РУССКОЙ ОБЩЕСТВЕННОСТИ

(К ВОПРОСУ ОБ ИНТЕЛЛИГЕНЦИИ)

ЧАСТЬ ВТОРАЯ

РУССКОЕ БИБЛИОГРАФИЧЕСКОЕ ОБЩЕСТВО
ПРИ I ГОСУДАРСТВЕННОМ МОСКОВСКОМ УНИВЕРСИТЕТЕ

№ 126   МОСКВА — 1931   016:321.91:004 (47

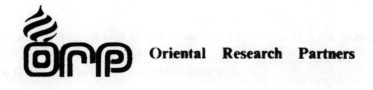

Oriental Research Partners

ОГЛАВЛЕНИЕ

Мособлит № 20818.   *21 тип. „Мосполиграф". Зак. № 3394.*   *Тираж 500 экз.*

ПРЕДИСЛОВИЕ

Вопрос об общественности тесно связан с вопросом об интеллигенции, который, по словам А. И. Рыкова, «стоит остро и на данном этапе пролетарской революции» (см. «Известия» 1930, 50, стр. 4).

Что касается теоретической стороны проблемы интеллигенции, то это — одна из труднейших проблем в научной истории вообще, настоятельно требующая строгого и точного марксистского решения, хотя марксизм и так уже, сравнительно с другими направлениями русской общественной мысли, внес много ясности в вопрос об интеллигенции, об ее социальной физиономии и т.

Подготовляя материалы к XXV, XXVI и XXVII т.т. Сочинений В. И. Ленина, издаваемых Институтом Ленина при ЦК ВКП (б), мы установили ряд пробелов, допущенных нами в первой части нашей работы, изданной в 1927 г. (отзыв о ней дан в «Известиях» от 7 августа 1927 года).

Во второй части мы пополняем эти пробелы и, кроме того, приводим новую литературу, вышедшую за время с 1927 по 1 января 1930 г. (частично и за 1930), что в общем составляет более 1760 названий, из которых около 570 названий относится к десятым и двадцатым годам текущего столетия.

Двадцатые годы кончились, наступили тридцатые годы, которые также сделают свой вклад в литературу об интеллигенции, и мы надеемся, что на смену нам придут другие и продолжат с большим успехом нашу работу по регистрации ее, так как вопрос об интеллигенции, в частности и в особенности об идущей из рабочего класса и трудящегося крестьянства новой научно-технической интеллигенции, все еще будет трактоваться в той или иной плоскости.

ПРИНЯТЫЕ СОКРАЩЕНИЯ

Антирелигиозник — А.
Архив К. Маркса и Ф. Энгельса — Ар.
Атеист — Ат.
Большевик — Б.
Былое — Был.
Варнитсо — В.
Вестник Воспитания — В. В.
Вестник Всемирной Истории — В. В. И.
Вестник Европы — В. Е.
Вестник Знания — В. З.
Вестник Иностранной Литературы — В. И. Л.
Вестник Коммунистической Академии — В. К. А.
Вестник Литературы — В. Л.
Воинствующий Материалист — В. М.
Воля России — Прага. В. Р.
Вопросы Философии и Психологии — В. Ф. П.
Время — Вр.
Всемирный Вестник — Вс. В.
Всемирный Труд — В. Т.
Голос Минувшего — Г. М.
Грядущее — Г.
Дело — Д.
Дело Народа — Д. Н.
Дом Искусств — Петроград. Д. И.
Древняя и Новая Россия — Д. Н. Р.
Единство — Е.
Жизнь — Ж.
Журнал для Всех — Ж. д. В.
Журнал Журналов — Ж. Ж.
Журнал Министерства Народного Просвещения — Ж. М. Н. П.
Журналист — Жур.
Заветы — Зав.
Записки Мечтателей — З. М.
Записки Научного Общества Марксистов — З. Н. О. М.
Заря — З.
Звезда — Зв.
Знание — Зн.
Золотое Руно — З. Р.
Известия — И.
Известия по русскому языку и словесности — Изв.

Иллюстрация — Ил.
Искусство — Ис.
Историк-Марксист — И. М.
Исторический Вестник — И. В.
Историческое Обозрение — И. О.
Каторга и Ссылка — К. С.
Киевские Университетские Известия — К. У. И.
Книга и Революция — К. и Р.
Книжки «Недели» — Кн. Н.
Коммунистическая Революция — **К. Р.**
Комсомольская Правда — К. П.
Красная Новь — К. Н.
Красная Печать — Кр. П.
Красный Архив — К. А.
Летописи Марксизма — Л. М.
Литература и Марксизм — Л. и М.
Литературная Газета — Л. Г.
Мелос — Мел.
Минувшие Годы — М. Г.
Мир — Мир.
Мир Божий — М. Б.
Молодая Гвардия — М. Гв.
Молодой Большевик — М. Бол.
Москвитянин — Мос.
Мысль — М.
Наблюдатель — Наб.
На Литературном Посту — Н. Л. П.
На Посту — Н. П.
Народный Учитель — Н. У.
Научное Обозрение — Н. О.
Научное Слово — Н. С.
Научный Работник — Н. Р.
Начало — Нач.
Наш Путь — Н. Путь.
Неделя — Н.
Нива — Нива.
Новое Слово — Нов. С.
Новый Мир — Н. М.
Новь — Новь.
Образование — О.
Октябрь — Ок.
Октябрь Мысли — О. М.
Отечественные Записки — О. З.
Печать и Революция — П. и Р.
Под Знаменем Марксизма — П. З. **М.**

Понедельник — П.
Правда (газета) — П (г).
Правда (журнал) — П (ж).
Пролетарская Революция — П. Р.
Пути Коммунистического Просвещения —
  Симферополь. П. К. П.
Рабочий Журнал — Р. Ж.
Революция и Культура — Р. К.
Революция Права — Р. П.
Речь — Речь.
Родной язык в школе — Род.
Россия — Р.
Русска Беседа — Р. Бес.
Русска Мысль — Р. М.
Русская Речь — Р. Р.
Русская Свобода — Р. Св.
Русская Старина — Р. С.
Русский Архив — Р. А.
Русский Вестник — Р. В.
Русский язык в советской школе — Рус.
Русское Богатство — Р. Б.
Русское Обозрение — Р. О.
Русское Слово — Р. Сл.
Северный Вестник — С. В.
Сибирские Огни — С. Ог.

Сионский Вестник — С. Вес.
Слово — С.
Советское Право — С. П.
Советское Строительство — С. С.
Современник — Сов.
Современное Обозрение — С. О.
Современный Мир — С. М.
Социализм и Наука — С. Н.
Социалистический Вестник—Берлин. Соц.
Творчество — Т.
Труд — Тр.
Труды Вятского Педагогического Ин-
  ститута им. В. И. Ленина—Т. В. П. И.
Труды Киевской Духовной Академии —
  Т. К. Д. А.
Устои — У.
Хозяйство и Управление — Х. У.
Читатель и Писатель — Ч. П.
Чтения в Императорском Обществе
  Истории и Древностей Российских
  при Московском Университете — Ч.
Экономическая Жизнь — Э. Ж.
Энциклопедия государства и права —Эн.
Эпоха — Э.
Юридический Вестник — Ю. В.

Москва — М.
Ленинград — Л.
Петроград — П.
С.-Петербург — Спб.

I. ФИЛОСОФИЯ И СОЦИОЛОГИЯ ВОПРОСА

А. Б. Практическая философия XIX века. В. Е. 1873, 1, 3, 5, 6. — *Абрамов Я.* Личность в истории. Кн. Н. 1898, 4, 5. — *Авербах Р. А.* Олар и теория насилия. П. и Р. 1925, 1. С. «Коммунистический интернационал» 1925, 7; П. З. М. 1924, 8—9. — *Агафонов В.* Об индивидуальности и индивидуализме. М. Б. 1904, 2, 3. — *Адлер М.* Коммунизм у Маркса. Харьков, 1925. — *Адоратский В.* Демократия. Эн., вып. II. — *Адоратский В.* Октябрьская революция и диктатура в меньшевистском освещении. Р. П. 1927, 4. — *Айзенберг А.* К постановке проблемы классов у Каутского. П. З. М. 1929, 9. — *Аксельрод Л.* Критика основ буржуазного обществоведения и исторический материализм. Иваново-Вознесенск, 1925. — *Аксельрод Л.* Философско-историческая теория Риккерта. К. Н. 1924, 5 — *Алексеев Н.* Науки общественные и естественные. М. 1912. — *Алексеев Н.* Социальная философия Рудольфа Штаммлера. В. Ф. П., кн. 96. — *Альбертини.* О зависимости умственного состояния общества от характера государственных учреждений. О. З. 1862, 12. — *Ангаров А.* К вопросу о классовой борьбе и диктатуре пролетариата. Р. П. 1927, 3. — *Андерсон Ф.* Что читать о современных разногласиях в партии. М. 1926. — *Андреев Н.* Методологические проблемы истории. З. Н. О. М. 1928, 2. — *Арватов Б.* Искусство и классы. П. 1923. — *Асмус В.* Адвокат философской интуиции. П. З. М. 1926, 3. (О Бергсоне). — *Асмус В.* Противоречия специализации в буржуазном сознании. П. З. М. 1926, 9—10. — *Астров В.* Бауер о функциональной демократии. Б. 1927, 22. — *Астров В.* и *Слепков А.* Социал-демократия и революция. М. 1927. — *Б. Е.* Социальная механика Лестера Уорда. Р. М. 1902, 10. — *Б. П.* Задачи понимания истории. Проект введения в изучение эволюции человеческой мысли. Р. Б. 1898, 10; 1899, 2, 3, 6, 7. — *Б. Ц.* К вопросу об исторической необходимости. Р. Б. 1897, 9. — *Баженов Н.* Габриель Тард, личность, идеи и творчество. В. Ф. П., кн. 78. — *Базаров В.* Шпенглер и его критика. К. Н. 1922, 2 — *Балабанов М.* Очерки истории революционного движения в России. М. 1929. — *Балухатый С.* и *Писемская О.* Спутник по Толстому. М. 1928. — *Баммель Г.* Макс Шеллер, католицизм и рабочее движение. П. З. М. 1926, 7—8. — *Барт П.* Дуалистическая социология. Н. О. 1899, 5. — *Батин.* Человек и общественная среда. Р. Б. 1900, 1. — *Беллюстин Г.* Еще о движении в расколе. Р. В. 1865, 6. — *Бельчиков Н. Н.* А. Некрасов в литературе за годы революции 1917—1928. М. 1929. — *Бердяев Н.* Смысл истории. Берлин, 1923. — *Берг Л.* Борьба за существование и взаимная помощь. П. 1922. — *Берс А.* Влияние географических условий на культуру. О. 1903, 5. — *Берсенев.* Нечто о критерии истины. Р. М. 1901, 9. — *Бестужев-Рюмин К.* Теория культурно-исторических типов. Р. В. 1888, 5. — *Благосветлов Г.* Историческая школа Бокля. Р. Сл. 1863, 1—3. — *Блюменталь.* Исторический круговорот. С. 1881, 1. — *Боборыкин П.* Анализ и систематика Тэна. В. Т. 1867, 11, 12. — *Боборыкин П.* Попытка социологической системы. Р. М. 1897, 5. — *Бобровников Н.* К вопросу о форме и содержании идеологии в учении Маркса и Энгельса. С. сб. «На боевом посту». М. 1930. — *Болотников А.* Социологическая доктрина Гумпловича. П. З. М. 1926, 7—8. — *Бонч-Бруевич В.* Библиография религиозно-общественных движений в России и СССР. М. 1930. — *Борисов П.* В чем же истинный национализм? В. Ф. П., кв. 2. — *Брандес Г.* Великий человек — источник культуры. Р. 1903, 6. — *Бродский Н.* И. С. Тургенев и русские сектанты. М. 1922. — *Бруннер К.* Хозяйственное положение и литература. Иркутск, 1930. — *Бузескул В.* Исторический, процесс по воззрениям греческих историков. О. 1902, 11. — *Булгаков С.* О закономерности социальных явлений. В. Ф. П. 1896, 35. — *Бухарин Н.* Наука и СССР. Н. Р. 1927, 11. — *Бэгхот В.* Борьба и прогресс в жизни народов. Зн. 1873, 5. — *Бэгхот В.* Научное объяснение происхождения нации. Зн. 1873, 4. — *В борьбе* за марксизм в литературной науке. Л. 1930, с. 117—172. — *Ваганян В.* Наши российские шпенглеристы. П. З. М. 1922, 1—2. — *Вагнер В.* Генезис общества. Н. О. 1898, 9. — *Вагнер В.* Семья и общественность. Н. О. 1898, 7. — *Вармаковский В.* О противогосударственном элементе в расколе. О. З. 1866, 12. — *Введенский А.* Философские очерки. Прага, 1924. — *Виноградов П.* Влияние рек на происхождение цивилизации. С. В. 1892, 6. — *Виноградов П.* О прогрессе. В. Ф. П., кн. 42. — *Винярский.* Антропосоциология. Н. О. 1900, 12. — *Виппер Р.* Кризис исторической науки. Казань, 1921. См. П. З. М. 1922, 3. — *Виппер Р.* Круговорот истории. Берлин, 1923. См. П. З. М. 1924, 1; П. и Р. 1923, 6. — *Виппер Р.* О некоторых направлениях в социологии. М. Б. 1903, 11. — *Виппер Р.* Общественные учения и исторические теории XVIII и XIX вв. в связи с общественным движением на Западе. М. 1908. — *Виппер Р.* Реакционный идеализм и новая наука. С. М. 1908, 7. — *Витфогель К.* Наука в буржуазном обществе. Л. 1924. — *Владиславлев П.* Литература великого десятилетия (1917—1927). М. 1928. — *Влияние* законов природы на устройство общества и характер отдельных лиц. О. З. 1861, 3.. — *Вожди* радикальной и народнической интеллигенции. См. С. Вознесенский. Программа чтения по русской истории. Указатель литературы. П. 1923, с. 258—262. — *Войтоловский Л.* Очерки коллективной психологии, ч. 1 и П. М. 1924-25. — *Волгин В.* Очерки по истории социализма. М. 1926 («Определяя социальные корни различных социалистических и эгалитаристских учений, автор на первое место выдвигает почти всюду интеллигенцию»).—*Вольтман Л.* Теория Дарвина и социализм. Спб. 1900.— *Вольфсон С.* Интеллигенция как социально-экономическая категория. К. Н. 1925, 6.— *Вольфсон С.* Современное германское студенчество Н. Р. 1928, 4.—*Вольфсон С.* Современные критики марксизма. П. З. М. 1924, 8—9.— *Вржосек С.* Жизнь и творчество В. Вересаева. Л. 1930.—*Г. И.* Социология и право. Р. М. 1897, 3.—*Г. Н.* Научные исторические теории и общественная деятельность. Нов. С. 1896, 3.— *Газганов Э.* Исторические взгляды Г. В. Плеханова. И. М. 1928, 7.—*Гальтон Ф.* Люди науки, их воспитание, характер. Зн. 1874, 5.—*Гвоздев.* К вопросу о телеологичности исторического процесса. Н. О. 1898, 8. — *Гервенген Л.* Теория общественных союзов. Ю. В. 1891, 7, 8. — *Герье В.* Наука и государство. В. Е. 1876, 10, 11. — *Герье В.* Народность и процесс. Р. М. 1882, 4. — *Гессен В.* Народ и нация. О. 1898, 4—6. — *Гец Ф.* Об отношении Вл. С. Соловьева к еврейскому вопросу. В. Ф. П., кн. 56. — *Гизетти А.* Индивидуализм и общественность в мировоззрении Михайловского. Зав. 1914, 1. — *Гласко.* Пути цивилизации. Тр. 1890, 8. — *Голичер А.* Жизнь современника. М. 1929. — *Гольд М.* Поэт белых воротничков. Н. Л. П. 1929, 11—12. (Об американской интеллигенции) — *Гольдбрейтер Р.* Библиография сочинений А. Ф. Кони и статей о нем. См. Н. Юрский. А. Ф. Кони в истории русской общественности. Л. 1924. — *Гольдбенберг Э.* Демократия, социализм и ренегат Каутский. Б. 1928, 11. — *Гольцев В.* Социология на экономической основе. Р. М. 1893, 11. — *Гольцев В.* Успехи общественных наук. Р. М. 1895, 11. — *Гоникман С.* Теория общества и теория классов Богданова. П. З. М. 1929, 12. — *Горев Б.* К вопросу об интеллигенции. Сов. 1923, 2. — *Горький М.* Рабселькорам и военкорам о том, как я научился писать. И. 1928, 228. (О романтиках и реалистах в литературе). — *Градовский А.* Значение идеала в общественной жизни. В. Е. 1877, 1. — *Градовский А.* Что такое консерватизм? Р. Р. 1880, 2. — *Грасис К.* Вехисты о Шпенглере. Н. Р. 1922, 2. — *Гредескул Н.* Понятие эволюции. П. З. М. 1927, 7—8. — *Гроссман-Рощин И.* Художник и эпоха. М. 1928. — *Гужо.* Природа и мысль. В. Е. 1900, 4. — *Гумплович Л.* Индивидуум, группа и среда. Ж. 1899, 8. — *Гумплович Л.* Основы социологии. Спб. 1899.— *Гумплович Л..* Социология и политика. М. 1895. — *Гуревич В.* Общественная организация классового господства. С. П. 1926, 3. — *Гуревич Л.* Идеализм и буржуазность. С. В. 1896, 1. — *Даневич.* Национальность и идея завоевания. Мир. 1882, 1. — *Данилин Ю.* Богема. Н. Л. П. 1928, 1. — *Деборин А.* Новый поход против марксизма. Л. М. 1926, 1. — *Деборин А.* Ревизионизм под маской ортодоксии. П. З. М. 1927, 9. — *Деборин А.* Фрейдизм и социология

В. М. 1925, 4. — *Деген Е.* Интеллигенция и демократия в Англии. М. Б. 1903, 2. — *Делевский Ю.* Исторический материализм в его логической аргументации. Р. Б. 1905, 8. — *Джемсон, Лестер и коллегия «Плебса».* Очерк марксистской психологии. М. 1925. С. «Социальная психология», с. 199 — 214. — *Джизелегов А.* Из истории индивидуализма. П (ж). 1904, 2. — *Динамов С.* К проблеме интеллигенции. Н. Л. П. 1929, 1. — *Динамов С.* Идеология научной и технической интеллигенции. Н. М. 1929, 2. — *Дружинин И.* В интересах личности. «Новь» 1899, 3. — *Дружинин И.* Обычаи и личность. В. В. И. 1900, . — *Дынник М.* Социализм и философские реформисты. П. З. М. 1927, 9. — *Дьяконов М.* Очерки общественного и государственного строя древней Руси. М. 1926. — *Евгеньев-Максимов В.* Очерки по истории социалистической журналистики в России XIX века. М. 1927. — *«Евразийство».* Берлин — Париж, 1926. (Политическое направление среди русских эмигрантов). С. сб. «Против новейшей критики марксизма». М. 1929, с. 233 — 275. — *Еремин.* Проблема интеллигенции с точки зрения марксистского литературоведения. Доклад в Ранион'е 26 апреля 1928 г. — *Ермилов В.* Против интеллигентской любительщины. Н. Л. П. 1928, 1, 2. — *Жмакин В.* Русское общество XVI в. Д. Н. Р. 1880, т. XVI. — *Жуковский Ю.* О народности в политике. Сов. 1863, 1, 2. — *Забелин И.* Русская личность и русское общество накануне реформы Петра Великого. С. его «Опыты изучения русских древностей». Т. 1. М. 1872. — *Залашупин.* Органическая теория общества по Краузе и Аренсу. Р. Б. 1891, 8. — *Засулич В.* Революционеры из буржуазной среды. П. 1921. — *Зелигман Э.* Экономическое понимание истории. Спб. — *Зиммель Г.* Влияние числа единиц на характер общества. Н. О. 1899, 4. — *Зиммель Г.* Социальная дифференциация. Киев, 1898. — *Зиновьев Г.* Сколько «марксистов» существует на свете? Б. 1928, 16. — *Золотаревы С. и В.* Литература в цифрах и схемах. М. 1929. С. «Социальный состав писателей». — *Зотов В.* Борьба за существование мысли. И. В. 1883, 1, 5, 8, 10. — *Зыков А.* Пресса и общественность. И. 1928, 168. — *Иванов В. и Гершензон М.* Переписка из двух углов. П. 1921. — *Иванов И.* Прогресс и реакция. М. Б. 1894, 4. — *Ивановский В.* Бюрократия, как самостоятельный общественный класс. Р. М. 1903, 8. — *Ивановский В.* Общество и государство. В. Ф. П. 1897, 36. — *Иванцов Н.* Отношения между философией и наукой. В. Ф. П., кн. 2. — *Ильинский И.* Итоги правового индивидуализма. К. Н. 1925, 5. — *Интеллигенция* в художественной литературе. См. Я. Киперман. Спутник читателя. Л. 1929. — *Интеллигентный* пролетариат во Франции. Сборн. статей Спб. 1902. — *Исаев А.* По вопросу о развитии общества. С. В. 1896, 11. — *Искусство* и общественность. Иваново-Вознесенск, 1925. — *Исследование* влияния религии, литературы и образа правления на цивилизацию. О. З. 1861, 5. — *Исторические* материалы, дневники. См. Попов, фл.-адъют. полковник. Систематический указатель статей. Спб. 1885, с. 108 — 151. — *Исторический* материализм. Сб. статей. Киев, 1921. — *К. Н.* Социология человека зверя. Р. Б. 1899, 1, 3, 7, 8. — *Каблуков.* Основа единения в первобытном обществе. Ж. д. В. 1901, 5. — *Казанский.* Личный и общественный элемент в истории. Сборник Правоведения т. 6. — *Калинин Ф.* Путь пролетарской культуры и культуры буржуазии. Г. 1918, кн. 1. — *Кареев Н.* Октябрьская революция и исторический материализм. П. З. М. 1927, 10—11. — *Кареев Н.* Теория культурно-исторических типов. Р. М. 1889, 9. — *Кареев Н.* Философия истории в русской литературе. Спб. 1912. — *Кареев Н.* Экономический материализм и закономерность социальных явлений. В. Ф. П. 1897, 36. — *Карнович Е.* Политика Москвы и русская народность. Наб. 1882, 4 — 6, 8, 9. — *Катожицкий Л.* Начало индивидуальности. Н. О. 1902, 11. — *Карсавин Л.* Философия истории. Берлин, 1923. — *Картер Х.* Художник и капитализм. В. И. Л. 1928, 2. — *Каталог книг,* вышедших вне России по июнь 1924. Берлин, Союз русских издателей и книгопродавцев в Германии. — *Катков.* К теории общества. Р. Б. 1896, 11. — *Каутский К.* Общественные инстинкты в мире животных и людей. П. 1922. — *Кашин Н.* Смена классов в русском обществе по произведениям А. Н. Островского. П. и Р. 1923, 3. — *Квитко Д.* Толстовство как мировоззрение. П. З. М. 1928, 9 — 10. — *Кедров П.* Первобытные формы взаимных человеческих отношений. Д. 1872, 3. — *Кизеветтер А.* Русское общество в XVII в. Р.-на-Д. 1904. — *Кирпотин В.* Классовые и методологические основы социологии Тарда. П. З. М. 1928,

6. — *Кистяковский Б.* Категории необходимости и справедливости при исследовании социальных явлений. Ж. 1900, 4. — *Класс*, партия, вожди. Р. К. 1929. 23. — *Ковалевский М.* Михайловский, как социолог. В. Е. 1913, 4. — *Ковалевский М.* Происхождение современной демократии. Спб. 1912. — *Козловский Л.* Стефан Жеромский и трагедия польской интеллигенции. Р. Б. 1913, 4. — *Коллир.* Происхождение видов в социологии. Н. О. 1903, 1. — *Колоколкин В.* История большевизма в социал-демократическом освещении. М. 1927. — *Колосов К. Н.* К. Михайловский. П. 1917. — *Колубовский Я.* П. Л. Лавров. В. Ф. П. 1898, кн. 44, с, 285 — 318. Библиография, дополнение к ней в ж. «Известия Одесского библиографического общества», т. III, в. 6, с. 300—302. — *Колубовский Я.* Материалы для истории философии в России. 1855—1888. В. Ф. П., кн. 4 — 8, 44 (П. Л. Лавров). — *Колубовский Я.* Философия у русских. См. Ибервег—Гейнце. История новой философии в сжатом очерке. Спб. 1890. — *Корн Ф.* От Макиавелли до Ленина. С. П. 1928, 5, с. 88—90. — *Котелинский. Чиновники.* О. З. 1877, 12. — *Котляревский С.* Политика и культура. В. Ф. П. кн. 84. — *Крживицкий Л.* Из психологии общественной жизни. Ж. 1901, 8. — *Крживицкий Л.* Прошедшее и настоящее. Нач. 1899, 3. — *Крживицкий Л.* Человек и общество. Н. О. 1898, 9. — *Кривцов С.* и *Разумовский И.* Критика теоретических основ бухаринской концепции исторического материализма. В. К. А. 1929, 35. — *Критский А.* О русском духовенстве. Сов. 1860, 7. — *Ксенофонтов Ф.* К вопросу об идейных и тактических основах большевизма. М. 1928. — *Курелла А.* Культурная революция в СССР и пути развития пролетарской литературы при капитализме. В. И. Л. 1928, 4 и ж. «За рубежом» 1930, 2, с. 35—39. — *Л. С.* Законы природы и сознательные цели в деятельности человека. В. В. 1903, 4. — *Л—ий.* Общество животных, как материал для социальной науки. С. 1878, 9, 10. — *П. Л. Лавров.* о себе самом. В. Е. 1900. 10, 11. — *Лавров П.* Северо-американское сектаторство. Д. 1868, 4—8. — *Лалоис.* Право и свобода. Зн. 1871, 1. — *Лацис А.* Диференцпация интеллигенции в Германии. К. Р. 1928, 14. — *Лебедев Д.* Умственный и нравственный прогресс европейского общества в течение последних 30 лет. И. В. 1881, 9, 10. — *Лев XIII.* Социальный катехизис XIX в. Ж. Ж. 1898, 2. — *Левин П.* Вожди в рабочем движении. Б. 1928, 5. — *Лежнев А.* и *Горбов Д.* Литература революционного десятилетия. 1917—1927. Харьков, 1929. С. «Зарубежная русская литература». — *Ленин* и ленинизм. Алфавитно-предметный указатель литературы в Библиотеке Коммунистической академии. М. 1928. — *Ленин* и ленинизм. Каталог книг. М. 1929. — *Ленский Б.* Случайность и необходимость в истории. Д. 1883, 11. — *Леонтьев А.* Послевоенная социал-демократия и проблема государства. В. К. А. 1926, 18. — *Лесевич В.* Очерк развития идеи прогресса. С. О. 1868, 4, 5. — *Лозинский Е.* Революционная роль права и государства в эпоху пролетарской диктатуры. Кременчуг, 1928. С. рецензию в ж. Н. С. 1928, 9. (М. п., об интеллигенции). — *Лемброзо Ц.* Народ и окружающая среда. Ж. Ж. 1898, 13. — *Луначарский А.* Интеллигенция в ее прошлом, настоящем и будущем. Сов. 1925, 1. — *Луначарский А.* Ленин и культура. И. 1929, 14. — *Луначарский А.* «Проблемы идеализма» с точки зрения критического реализма. О. 1903, 2. — *Луначарский А.* Толстой и Маркс. Л. 1924. — *Лундберг Е.* Пути новой критики. Н. Пути 1922, 4. С. «Требования общественности». — *Лурье М.* К. Каутский об Аксельроде, Ленине и большевизме. П. З. М. 1928, 9, с. 247—259. — *Лурье С.* История античной общественной мысли М. 1929. *Лучицкий.* Отношение истории к науке об обществе. Зн. 1875, 1. — *Майзель М.* Памяти великого интеллигента. Зв. 1929, 12. — *Мандельштам Р.* Марксистское искусствоведение. Библиографический указатель литературы на русском языке. М. 1929. — *Мантегацца.* Регрессивная эволюция. Ж. Ж. 1898, 14. — *Маркс К.* Теории прибавочной ценности. Т. I. П. 1922. (М. п., о положении интеллигенции в производстве). — *Марксизм* и этика. Сб. статей. Харьков, 1925, с. 442. — *Мартынов А.* Марксизм или фатализм? М. Гв. 1929, 12. — *Масанов И.* Чеховиана. М. 1929. — *Маслов П.* Общественные отношения и идеология. Н. О. 1898, 1. — *Матейко Я.* Литература и пролетариат. В. И. Л. 1928, 4. — *Медведев Н.* Три голоса о марксизме. Б. 1928, 23—24. — *Мейер Э.* Теоретические и методологические вопросы истории. М. 1904. — *Мельгунов С.* Из истории студенческих обществ в русских университетах. П (ж). 1904. 2—4.

Мельгунов С. Религиозно-общественные движения русского народа в XVII в. С. «Книгу для чтения по истории Нового времени». Т. I, с. 566—620. М. 1910. Т. II, с. 690—722. М. 1911. — *Меньшиков М.* Вестники истории. В. В. И. 1901, 9. — *Мережковский Д.* Вечные спутники. Спб. 1897. — *Месин Ф.* В плену биологизма. К критике последней книги К. Каутского. И. М. 1928, 9, 10. — *Месин Ф.* Новая ревизия материалистического понимания истории. Н. С. 1928, 3. Есть отд. изд. 1929. М. — *Метод*, употребляемый метафизиками для изучения законов умственного развития. О. З. 1861, 4. — *Меч В.* Общественные идеи и социальная практика. П (ж). 1905, 5. — *Меч В.* Социология с точки зрения классовой психологии. П (ж). 1904, 6. — *Миллер О.* Наука и ученые люди в русском обществе. И. В. 1880, 4. — *Милонов К.* Октябрь и марксизм. П. З. М. 1927, 10—11. — *Милославский П.* Наука и ученые люди в русском обществе. Казань, 1879. — *Милюков П.* Главные течения русской исторической мысли. Спб. 1913. — *Милюков П.* Очерки по истории русской культуры. Т. II. Спб. 1899. («Прекрасный очерк русских сект»). — *Минц И.* Историческая концепция М. Н. Покровского. Н. С. 1929, 9. — *Минцлов С.* Эволюция русского сектантства в XVII и XVIII вв. О. 1908, 12. — *Миронов М.* Современные взгляды Каутского на революцию. В. К. А. 1928, 27. — *Михайловский Н.* Вольница и подвижники. О. З. 1877, 1. — *Михайловский Н.* Прогресс, как эволюция жестокости. Р. Б. 1900, 2. — *Михневич.* Русский народ в своих воззрениях на себя и на свое прошлое. И. В. 1899, 3. — *Мордовцев Д.* Политические движения русского народа. Спб. 1871. — *Мюллер-Фрейенфельс.* Философия XX века в ее главных течениях. Берлин, 1923. — *Навалихин.* Смягчающие формы прогресса. Д. 1870, 7. — *Невский В.* Что сделано по истории революционного движения за 10 лет. П. и Р. 1927, 8. — *Неусыхин А.* «Эмпирическая социология» М. Вебера и логика исторической науки. П. З. М. 1927, 9. — *Нечкина М.* Русская история в освещении экономического материализма. Казань, 1922. — *Николай —ев.* Ученое пустомыслие. (Социальная философия Штаммлера). П (ж). 1904, 5. — *Нова Н.* Прогресс и личность. В. В. И. 1901, 8, 9. — *Новгородцев П.* Политическая теория марксизма. Труды русских ученых заграницей. Т. I. Берлин, 1922. — *Новый* труд по расколу. И. В. 1898, 6. — *Нусинов И.* Социальный заказ. Л. и М. 1928, 2. — *О Толстом.* Сб. статей под ред. В. Фриче. М. 1928. — *Оболенский Л.* Личное совершенствование и изменение общественных форм. Р. М. 1893, 7. — *Оболенский Л.* Механизм идеала в истории. В. В. И. 1901, 6. — *Оболенский Л.* Наше учение о прогрессе. Р. Б. 1886, 5, 7. — *Овсяннико-Куликовский Д.* Очерки из истории мысли. В. Ф. П., кн. 2, 5. — *Онсей.* Законы подражания. Тр. 1892, 6. — *Оранский С.* Основные вопросы марксистской социологии, т. I. Л. 1929, см. с. 201—255. — *Острогорский М.* Демократия и политические партии. т. I—II. М. 1927—1930. — *Очерки по истории русской критики.* Под ред. А. Луначарского и В. Полянского. Т. I. М. 1929. — *П. М. К.* Прогресс и регресс в истории. Р. М. 1900, 8, 10. — *П. Н.* Одна из гипотез о сущности исторического процесса. Р. М. 1891, 5, 6. — *Пажитнов К.* Очерк развития буржуазии в России. О. 1907, 2—3. — *Пашуканис Е. и Разумовский И.* Новейшие откровения Карла Каутского. М. 1929. — *Пичета В.* Введение в русскую историю. (Источники и историография). М. 1923. — *Познер В.* Лицо технической интеллигенции на Западе. Р. К. 1929, 15. — *Покровский М.* «Идеализм» и «законы истории». П (ж). 1904, 2, 3. — *Покровский М.* Ленин как тип революционного вождя. П. З. М. 1924, 2. — *Покровский М.* Марксизм и особенности исторического развития России. Л. 1925. — *Покровский М.* А. П. Щапов. И. М. 1927, 3. — *Полонский В.* Литература и общество. М. 1929. С. «К вопросу об интеллигенции». — *Полонский В.* Художественное творчество и общественные классы (о теории социального заказа). П. и Р. 1929, 2. — *Потапов.* Общественная философия г. Меньшикова. Р. Б. 1901, 11. — *Предметный* указатель к первому изданию сочинений В. И. Ленина. М. 1930. С. Интеллигенция буржуазная и мелкобуржуазная в революционном движении в России. Интеллигенция буржуазная в СССР и Советская власть. Интеллигенция—определение. Интеллигенция и рабочий класс. Интеллигенция в партии. — *Против новейшей критики марксизма.* Сб. статей. М. 1929. — *Пругавин А.* Раскол—сектантство. М. 1887. — *Пругавин А.* Статьи о сектантстве: Р. М. 1881, 1, 2, 3, 10—12; 1882, 1; 1885, 1, 2, 7; Р. С. 1884, 4; С. В. 1886, 3; 1887, 2; О. 1903, 1, 2.

И. В. 1903, 8. — *Путинцев Ф.* Политическая роль сектантства. М. 1928. — *Р. К.* Современная французская интеллигенция. О. 1902, 3, 4. — *Радлов Э.* Очерк историографии истории философии. В. Ф. П., кн. 49. — *Радлов Э.* Очерк русской философской литературы XVIII века. М. 1922, 2, 3. — *Радлов Э.* Очерк истории русской философии. П. 1920. — *Разумовский И.* Государственно-правовая идеология современной социал-демократии. Р. К. 1927, 4. — *Разумовский И.* Либерализм. Эн., вып. III. — *Разумовский И.* «Новейшие откровения Карла Маркса». В. К. А. 1928, 29. — Раскол и сектантство. См. С. Вознесенский. Программа чтения по русской истории. П. 1923, с. 269—270. — *Рейнгардт Н.* Н. К. Михайловский и его труды. Казань, 1902. — *Рейснер М.* Богема и культурная революция. П. и Р. 1928, 5. — *Рейснер М.* Идеология и политика. В. К. А. 1929, 33. — *Рейснер М.* Право. Наше право. Чужое право. Общее право. М. 1925. См. Б. 1927, 4, с. 79—83. — *Рейснер М.* Проблемы социальной психологии. Ростов-на-Дону, 1925. С. «Интеллигенция и общественные классы», с. 114—127. — *Рейснер М.* Рефлексы Павлова и идеология Маркса. О. М. 1924, 5—6. — *Рейснер М.* Социальная организация личности. К. Н. 1927, 3. — *Рейхесберг.* Социология, социальная философия и социальная политика. М. Б. 1902, 7. — *Рожков Н.* История, мораль и политика. П (ж). 1904, 1. — *Розанов В.* О борьбе с Западом, в связи с литературной деятельностью одного из славянофилов. В. Ф. П., кн. 4. — *Розанов В.* Теория исторического прогресса и упадка. Р. В. 1892, I, 3. — *Розанов Я.* Литература по основным вопросам права и государства. В. К. А. 1925, 14. — *Розанов Я.* Л. Фейербах и русская общественная мысль. П. 1922, 5. — *Розанов Я.* Философско-социологическая литература марксизма. (1917—1927). П. 1928. — *Розанов Я.* Философско-социологическое мировоззрение Н. Г. Чернышевского. Библиография. П. З. М. 1928, 11. — *Рубакин Н.* Среди борцов. Спб. 1906. (О народной интеллигенции). — *Рубинштейн М.* Идея личности, как основа мировоззрения. М. 1909. — *Рубинштейн Н.* Аполлон Григорьев. Л. и М. 1929, 2. — *Рудаш Л.* Против новейшей ревизии марксизма. М. 1925. — *Русанов Н.* Экономика и политика. Д. 1881, 3. — *Русская* историческая литература в классовом освещении. Сб. статей, т. I и II. М. 1927—1930. — *С—й.* Буржуазная революция и юридический кретинизм. Р. П. 1927, 2 (по поводу «Теории насилия и французской революции» Олара). — *Сакулин П.* Русская литература. Ч. II. М. 1929. С. «Интеллигенция и идеологическая жизнь». — *Сандомирский Г.* Чем живет интеллигенция Запада. В. 1930, 3. — *Сараджев А.* Карл Каутский и марксизм. Р. К. 1929, 19. — *Сахаров.* Указатель литературы о расколе. 2 вв. 1887—1892. — *Седов.* Личность и общество в их взаимных отношениях в XIX в. В. В. 1901, 8. — *Сементковский Р.* Модная теория. В. Ф. П., кн. 17. — *Семковский С.* Исторический материализм. 5-е изд. М. См. литературу на иностранных языках, с. 254—259, 261—262. — *Семковский С.* Марксистская хрестоматия. Харьков, 1923. — *Сергеев-Ценский С.* Преображение. Эпопея. 1) Валя. 2) Обреченные на гибель. — *Сидоров А.* Исторические взгляды Н. А. Рожкова. И. М. 1929, 13. — *Сидоров А.* Мелкобуржуазная теория русского исторического процесса. (А. П. Щапов). С. «Русская историческая литература в классовом освещении». Т. I. М. 1927. — *Славенсон В.* Интеллигенция в свете Маркса. З. Н. О. М. 1924, 6 (2). — *Славенсон В.* Социальная природа интеллигенции. (Доклад в «Научном обществе марксистов». Петроград, 5 июня 1922 г.). — *Слонимский Л.* О теориях прогресса. В. Е. 1889, 3, 4. — *Советская* демократия. Сб. статей под ред. Ю. М. Стеклова. М. 1929. — *Соловьев В.* Критика отвлеченных начал. Р. В. 1877, 11, 12; 1878, 1, 10; 1879, 1, 6—8, 11; 1880, 1. — *Соловьев В.* Личность и общество. Кн. Н. 1896, 5, 6, 8. — *Соловьев В.* Очерки из истории русского сознания. В. Е. 1889, 5, 6, 11, 12. — *Соловьев П.* Философия истории Гегеля на службе русского либерализма. (Историческая концепция Б. Н. Чичерина). С. «Русская историческая литература в классовом освещении». Т. I. М. 1927. — *Соломин.* Личное совершенство и гражданская жизнь. В. Е. 1892, 6. — *Сосновский Л.* О культуре и мещанстве. Л. 1927. — *София.* Проблемы культуры и религиозной философии. Берлин, 1923. — *Софронов Ф.* Механика общественных явлений. В. Ф. П., кн. 59. — *Софронов Ф.* Соотношение общественных сил. В. Ф. П., кн. 39. — *Спекторский Е.* Христианство и культура. Прага. 1925. — *Спенсер Г.* Общественные профессии. Нов. С. 1895, 1. — *Спенсер Г.* Развитие профессий. М. Б.

1896, 1, 3, 5. — *Спорные* вопросы методологии истории. (Дискуссия об общественных формациях). Харьков, 1930. — *Ставрин С.* Развитие европейской мысли. Д. 1875, 1—3, 6. — *Стеблин А.* Историческая теория Бокля. Р. В. 1874, 7. — *Сумковский В.* Вожди истории. М. 1928. — *Суперанский М.* Апология личности в произведениях Михайловского. О. 1904, 4. — *Тард Л.* Общественная роль подражания. Р. Б. 1890, 5, 7. — *Тард Л.* Социальные законы. Ж. Ж. 1898, 17—20. — *Тарле Е.* Ницшеанство и его отношение к политическим и социологическим теориям европейского общества. В. Е. 1901, 8. — *Тарле Е.* Социология и историческое познание. В. Е. 1902, 10. — *Тарле Е.* Умственная жизнь европейского общества. Ж. 1900, 8, 10. — *Тележников Ф.* Об одном буржуазном социологическом направлении Франции. П. З. М. 1926, 4—5. (О Дюркгейме). — *Тележников Ф.* Теория общества Р. Вормса в свете современной социологии. В. К. А. 1929, 35. — *Тихомиров Л.* Русские идеалы и К. Н. Леонтьев. Р. О. 1894, 10. — *Трапезников В.* Экономические воззрения Л. Н. Толстого. П (ж). 1905, 6. — *Трачевский А.* Люди и призраки. Н. О. 1901, 3. — *Троцкий Л.* Культура и социализм. Н. М. 1927, 1. — *Трубецкой С.* Противоречие нашей культуры. В. Е. 1894, 8. — *Туган-Барановский М.* Что такое общественный класс? М. Б. 1904, 1. — *Тхоржевский С.* Крестьянство и пугачевщина. К вопросу о социальном содержании пугачевщины. З. Н. О. М. 1928, 4 (12). — *Удальцов.* К теории классов у Маркса и Энгельса. Ар. 1924, 1. — *Указатель* к ленинским сборникам. I—VII. Составлен библиотекой Института Ленина. М. 1928. — *Университеты* и корпорация. И. В. 1880, 4. — *Уорд Л.* Этический характер социальной науки. М. Б. 1897, 1. — *Устрялов Н.* Итальянский фашизм. Харбин, 1928. — *Уэльс Г.* В ожидании. Роман. М. 1928. («Квинтэссенция общественно-политических взглядов Уэльса, а вместе с этим и той верхушки технической интеллигенции, которую он представляет»). — *Уэльс Г.* Мир Вильяма Клиссольда. Роман. М. 1928. — *Фатов Н.* Научная схема русской литературы. Род. 1925, 7. — *Фатов Н.* Научная схема новой русской истории литературы. М. 1929. — *Феоктистов Е.* Материалы для истории просвещения в России. Спб. 1865. — *Филиппов М.* Прудон, как идеолог мелкой буржуазии. Н. О. 1898, 1, 2. — *Филиппов М.* Судьбы русской философии. Спб. 1893. — *Филиппов М.* Судьбы русской философии. Р. Б. 1894, 1, 3, 8, 9, 11. Н. О. 1898. 8—10. — *Финн-Енотаевский А.* Класс и партия. О. 1906, 12. — *Фиск.* Закон общественного развития. Зн. 1876, 1. — *Франк С.* Живое знание. Берлин, 1923. — *Франк С.* Основы марксизма. Берлин, 1926. — *Франк С.* Смысл жизни. Париж, 1926. — *Фридлянд Ц.* Классовая идеология и реакционная утопия. (По поводу очень популярной книги К. Мангейма «Идеология и утопия»). И. М. 1930, 17. — *Фридлянд Ц.* Марксизм и западно-европейская историография. И. М. 1929, 14. — *Фримен Д.* «Сумерки американского разума» Вальтера Б. Питкина. Р. К. 1929, 19. — *Фриче В.* К юбилею Г. В. Плеханова. Л. и. М. 1928, 3. — *Фулье.* Индивидуализм и социальное чувство в Англии. Ж. Ж. 1898, 23, 24. — *Харламов.* Статьи о сектантстве: Р. М. 1884, 5, 6, 10, 12; 1885, 10, 11; Д. 1881, 8, 9. — *Хвостов В.* Женщина накануне новой жизни. М. 1905. — *Хвостов В.* Нравственная личность и общество. М. 1911. — *Хвостов В.* Предмет и метод социологии. В. Ф. П., кн. 99. — *Хвостов В.* Социология. Ч. I. Исторический очерк учений об обществе. М. 1917. — *Хвостов В.* Теория исторического процесса. М. 1914. — *Хомяков А.* Общественное воспитание в России. Р. А. 1879, 1. — *Централизация* и общественная инициатива. В. Е. 1871, 3, 6. — *Чернов В.* Экономический материализм и критическая философия. В. Ф. П., кн. 39. — *Чижов.* Японский ученый о «праве силы». В. Е. 1904, 9. — *Чуйко.* Литература и общество. Тр. 1889, 3, 5, 6. — *Шаблиовский П.* Эволюция классового самосознания Л. Н. Толстого в его художественном творчестве. Рус. 1930, 1. — *Шаксель Ю.* Биологические теории и общественная жизнь. М. 1926. — *Шелгунов Н.* Попытки русского сознания. Д. 1874, 2. — *Шелгунов Н.* Русские идеалы, герои и типы. Д. 1868, 7, 8. — *Шелгунов Н.* Русский индивидуализм. Д. 1868, 7. — *Штейнберг С.* Роль личности в истории и общественная наука. Н. О. 1902, 5. — *Штейнберг С.* Социальная дифференцировка и личность. Ж. 1899, 11. — *Щапов А.* Земство и раскол. О. З. 1861, 12. Вр. 1862, 10, 11. — *Щапов А.* Миросозерцание, мысль, труд и женщина в истории русского общества. О. З. 1873, 2. З. 7; 1874,

5, 6. — *Щебальский П.* Раскол, как орудие враждебных России партий. Р. В. 1866, 9, 11; 1867, 4, 5. — *Энгель Е.* Очерки материалистической социологии. М. 1923. — *Энгельгардт Н.* История русской литературы XIX столетия. Т. I 1800—1850. Спб. 1913. Т. II 1850—1900. П. 1915. (Ценный справочник). — *Энгельгардт Н.* Критика русского самосознания. Кн. Н. 1896, 1—3. — *Энгельс Ф.* Политическое завещание. М. 1922. С. письмо от 1891 г. — *Эпчин А.* Партия и специалисты. М. 1928. — *Ю. Т.* Социальные взгляды Дюркгейма. Р. Б. 1898, 11, 12. — *Южаков С.* Интеграция, дисинтеграция, дифференциация. С. В. 1889, 4. — *Южаков С.* Общежитие и обществоведение. Р. Б. 1895. 8. — *Южаков С.* Субъективный метод социологии. (Разбор мнений г.г. Миртова и Михайловского). Зн. 1873, 10. — *Яблоновский В.* Вокруг сфинкса. Спб. 1912. — *Яковенко Б.* Очерки русской философии. Берлин, 1922. — *Яковенко Б.* Философия большевизма. Берлин, 1921. — *Яроцкий В.* Отношения личности и государства с точки зрения Спенсера. С. В. 1885, 3.

II. НАЧАЛЬНЫЙ ПЕРИОД. XVIII ВЕК

Аксаков С. Встреча с мартинистами. Р. Бес. 1859, 1. — *Б—ва М.* «Герои печального образа». И. В. 1903, 11. — *Барсков Я.* Переписка московских масонов в XVIII в. 1780—1792. П. 1915. — *Виппер Р.* Екатерина II и просветительные идеи Запада. М. Б. 1896, 12. — *Головина В.* Записки (1766—1820). И. В. 1899, 1, 12. — *Гольцев В.* Законодательство и нравы в России XVIII в. Спб. 1896. — *Гольцев В.* О нравах русского общества в прошлом веке. Ю. В. 1889, 9. — *Ешевский С.* Материалы для истории русского общества. С. его «Собрание сочинений по русской истории». М. 1908. — *Ешевский С.* Московские масоны 1770—89 г. Р. В. 1864, 8; 1865, 3. — *Записка о мартинистах.* Р. А. 1875, 9. — *Записки* Н. В. Веригина 1796—1872 г. Р. С. 1892, 10, 11. — *Ключевский В.* Западное влияние в России XVII в. В. Ф. П. 1897, 38, 39. — *Лабзин А.* Воспоминания. С. Вес. 1818, 2. — *Лонгинов М.* Один из магиков XVIII в. Р. В. 1860, 8. — *Люди прошлого века.* Р. В. 1872, 1. — *Мартинизм* в русском обществе XVIII в. О. З. 1861, 4. — *Масонство* в его прошлом и настоящем. 2 т.т. М. 1914—1915. — *Морошкин М.* Иезуиты в России с царствования Екатерины II и до нашего времени. Ч. I и II. Спб. 1867—1870. — *Наумов И.* Вольтерианство русских писателей Екатерининского времени. Спб. 1876. — *Нечкина М.* Проблема «третьего сословия» в крепостной России. И. М. 1927, 3, с. 222—225. («Во второй половине XVIII и первой XIV века термин «среднего сословия», «третьего сословия», «среднего рода людей» включал в себя не только буржуазию в собственном смысле слова, а и интеллигенцию»). — *Общественные* и народные движения в XVIII в. См. С. Вознесенский. Программа чтения по русской истории. Указатель литературы. П. 1923, с. 146—157. — *Павленко И.* Нравы русского общества в Екатерининскую эпоху. Архангельск, 1912. — *Пекарский П.* Любитель литературы Екатерининских времен. О. З. 1856, 4. — *Петербург* в конце XVIII в. и в начале XIX в. Р. С. 1902, 3, 4, 5. — *Пирлинг.* Французские иезуиты в Москве в XVIII веке. Р. С. 1902, 9. — *Пумянский С.* Великая французская революция в освещении екатерининских газет. Зв. 1930, 9. — *Пыпин А.* Крылов и Радищев. В. Е. 1868, 5. — *Пыпин А.* Материалы для истории масонских лож. В. Е. 1872, 1, 2, 7. — *Пыпин А.* Русская наука и национальный вопрос в XVIII в. В. Е. 1884, 5—7. — *Пыпин А.* Русское масонство до Новикова. В. Е. 1868, 6, 7. — *Пыпин А.* Хронологический указатель масонских лож, от первого введения масонства до запрещения его. 1731—1822 г.г. Спб. 1873. — *Русское масонство* в XVIII в. В. Е. 1867, 6, 9, 12. — *Сиповский В.* Из истории русской мысли XVIII столетия. Ж. М. Н. П. 1917, 3. — *Сиповский В.* Политические настроения в русском романе XVIII в. Спб. 1905. — *Соловьев С.* Европа в конце XVIII в. Р. В. 1862, 5, 6; 1863, 2, 3. — *Тайна* противо-нелепого общества, открытая непричастным к оному в 1759. Р. С. 1890, 3. — *Терновский Ф.* Два пути духовного развития. Т. К. Д. А. 1864, 4. — *Терновский Ф.* Русское вольнодумство при Екатерине II. Т. К. Д. А. 1868, 3, 7. — *Тихонравов Н.* Московские вольнодумцы начала XVIII в. и Стефан Яворский. В. Е. 1870, 9; 1872, 2, 6. — *Туган-Барановский М.* «Народники» крепостной эпохи. Из истории русского общественного сознания. Нов. С. 1897, 11. —

Федоров Е. А. Н. Радищев—русский свободомыслящий XVIII в. Ат. 1927, 15.— *Филиппов А.* И. П. Пнин и его непропущенный цензурою «Опыт о просвещении относительно к России». Изв. 1929, т. II, кн. 2. Л. 1929. — *Шашков С.* Недуги русского общества в XVIII и начале XIX вв. Д. 1873, 12; 1883, 10, 11. — *Шашков С.* Русская реакция в XVIII и в начале XIX века. Д. 1870, 6, 8. — *Шелгунов Н.* Гуманные теории и негуманная действительность XVIII века. Д. 1870, 3. — *Энгельгардт Н.* Граф Феникс. Екатерининский колосс. Окровавленный трон. (Романы, в которых много картин масонской символики). И. В. 1907—1909. — *Энгельгардт Н.* Философия русского самосознания. Кн. Н. 1897; 1—4. (Эволюция основных течений русской мысли и общая их характеристика).— *Якушкин В.* Радищев и Пушкин. Ч. 1886, 2. — *Якушкин В.* Суд над русским писателем в XVIII веке. Р. С. 1882, 9.

III. XIX ВЕК. ДЕСЯТЫЕ, ДВАДЦАТЫЕ И ТРИДЦАТЫЕ ГОДЫ

Анненков П. А. С. Пушкин в Александровскую эпоху. Спб. 1874. — *Аронсон М.* и *Рейсер С.* Литературные кружки и салоны. Л. 1929. — *Архангельский В.* Крылов, как писатель. Л. и М. 1930, 4. — *Ахшарумов Н.* 1805 год. В. Т. 1867, 6. — *Ашевский С.* Из истории Московского университета. М. Б. 1905, 3, 4. — *Балабанов М.* Народные массы и движение декабристов. К. Н. 1926, 12. — *Басуков Н.* Жизнь и труды М. П. Погодина. I—XXII т.т. Спб. 1888—1906. (Содержит ценный материал по истории русского общества первой половины XIX века). — *Бернштейн Д.* Художественное творчество Н. А. Полевого. Л. и М. 1929, 5. — *Благой Д.* Евгений Онегин. С. его «Социология творчества Пушкина». М. 1929. — *Благой Д.* Пушкин на рубеже тридцатых годов. Л. и М. 1929, 3. — *Буланова-Трубникова О.* Три поколения. М. 1928. — *Булгарин Ф.* Иван Выжигин. Спб. 1829. Об этом романе см. М. Аронсон и С. Рейсер. Литературные кружки и салоны. Л. 1929, с. 168. — *Булич К.* Из записок: 1826—1846 г.г. В. Е. 1903, 8. — *Булич Н.* Очерки по истории русской литературы и просвещения с начала XIX века. Т. I и II. Спб. 1902—1905. — *Бурнашев.* Четверги у Н. И. Греча. З. 1871, 4. — *В—ин А.* Меценаты и ученые Александровского времени. В. Е. 1888, 10. — *Веселовский А.* Гоголь и Чаадаев. В. Е. 1895, 9. — *Веселовский А.* Западное влияние в новой русской литературе. М. 1896. С. ст. «Новый католицизм и Чаадаев». — *Вссин С.* Очерки истории русской журналистики 20-30 г.г. Спб. 1881. — *Водовозов В.* Народное и общественное значение Крылова. Ж. М. Н. П. 1862. 4—7. — *Войтоловский Л.* Проблема войны и революции в произведениях Л. Н. Толстого. Н. М. 1928, 9. — *Воспоминания А.* М. Каратыгиной. Р. В. 1881, 4. — *Воспоминания* Екатерины Ивановны Раевской. И. В. 1898, 11, 12. — *Воспоминания* Ф. М. Толстого. Р. С. 1871, 4. — *Вяземский П.* Старая записная книжка. Л. 1929. — *Гельфанд М.* Из истории классовой борьбы в литературе 30-х годов XIX столетия. Л. и М. 1930, 4.— *Гершензон М.* Грибоедовская Москва. М. 1914. — *Глинка М.* Записки. Л. 1930. — *Гневушев А.* Политико-экономические взгляды гр. Н. С. Мордвинова. К. У. И. 1904. — *Гончаров И.* Из университетских воспоминаний. В. Е. 1887, 4. — *Греч Н.* Записки о моей жизни. Л. 1930. — *Григорьев А.* Лермонтов и его направление. Вр. 1862, 10, 11.— *Гроссман Л.* Записки Д'Аршиака. Петербургская хроника 1836 г. Харьков, 1930.— *Гроссман Л.* Преступление Сухово-Кобылина. Л. 1927.— *Грот Я.* Сатира Крылова и «Почта духов». В. Е. 1868, 3. — *Д. Н.* Две записки Сперанского по политическим делам. Р. С. 1900, 11.— *Декабристы* и их время. М. 1928.— *Дельвиг А.* Полвека русской жизни. Л. 1930.— *Деятели* революционного движения в России. Био-библиографический словарь. От предшественников декабристов до падения царизма. Т. I, ч. 1. М. 1927. Т. I, ч. 2. М. 1928.— *Дневник* В. К. Кюхельбекера. Л. 1929.— *Довнар-Запольский М.* Мемуары декабристов. Киев, 1906. — *Довнар-Запольский М.* Политические идеалы М. М. Сперанского. Н. С. 1904, 8. — *Дризен.* Литературный салон 20-х годов. «Нива». Литературные приложения. 1894, 5. — *Дубровин Н.* Наши мистики-сектанты. Р. С. 1894, 9—12; 1895, 1—12; 1896, 1—2; 1870, № 2, кн. I, с. 150—155. — *Дубровин Н.* Русская жизнь в начале XIX века. Р. С. 1899, 1—4, 6, 8; 1900, 9—11; 1901, 9—12; 1903, 1. — *Жихарев М.* П. Я. Чаадаев. В. Е. 1871, 7, 9. — *Жихарев С.* Дневник чиновника. О. З. 1855, 5. — *Записки* Ф. Ф. Вигеля. М. 1892. — Новое издание 1928. М. — *Записки* Михаила Ивановича Глинки. Спб. 1871. — *Записки* декабриста И. Горбачевского. М. 1916. — *Записки* декабриста Д. И. Завалишина. Спб. 1906. — *Записки* А. П. Ермолова. М. 1863. — *Записки* Ксенофонта Алексеевича Полевого. Спб. 1888. — *Записки* графа Ф. В. Ростопчина. Р. А. 1875, II. — *Записки,* мнения и переписка адмирала А. С. Шишкова. 2 т. Берлин, 1870. — *Иванов-Разумник.* Книга о Белинском. Спб. 1923. — *Из* записок декабриста Н. И. Лорера. Р. Б. 1904, 3. — *К.* (Ключевский). Грусть. Р. М. 1891, 7. — *Каверин В.* Барон Брамбеус. Л. 1929, с. сб. 1 «Проблемы газетоведения». М. 1930, ст. И. Ипполита «О. И. Сенковский, журналист». — *Каллаш В.* Грибоедов и Чацкий. Р. М. 1904, 1, 2. — *Каменская-Толстая М.* Пятьдесят лет назад. Роман. Спб. 1862, с. еще ее воспоминания в ж.ж. «Время» (1861) и «Исторический Вестник» (1894). — *Карамзин Н.* Записка о древней и новой России. Берлин, 1861. «Русский Архив» 1870. Есть отд. изд. — *Каратыгин П.* Записки. I. Л. 1929. — *Кениг Р.* Очерки русской литературы. Спб. 1862. — *Кирпичников В.* Московское общество в изображении Грибоедова и Л. Толстого. Спб. 1896. — *Ковалевский П.* Стихи и воспоминания. Спб. 1912. — *Колюпанов Н.* Биография А. И. Кошелева. М. 1889. — *Корнилов А.* Молодые годы М. А. Бакунина. Спб. 1914. — *Корнилов А.* Семейство Бакуниных. Р. М. 1911, 10. — *Котляревский Н.* Литературная деятельность декабристов. Р. Б. 1902, 8. — *Котляревский Н.* Литературные направления Александровской эпохи. Спб. 1907 и 1913. — *Кошелев А.* Записки. Берлин, 1884. — *Кут А.* Неизданный Чаадаев. Л. Г. 1929, 6. — *Лемке М.* Фаддей Булгарин. Р. Б. 1903, 10. — *Леонтьев К.* О романах Л. Толстого. Анализ, стиль и веяние. М. 1911. — *Литературные* вечера у Воейкова. в 1829 г. Ил. 1861, т. VII, № 152. — *Лонгинов М.* Воспоминания о П. Я. Чаадаеве. Р. В., т. XLII, 1862, 11. — *Лясковский В. А.* С. Хомяков. Его жизнь и сочинения. М. 1897. — *Майков Л.* Батюшков, его жизнь и сочинения. Спб. 1896. — *Макаров М.* Мои семидесятилетние воспоминания. Спб. 1882. — *Материалы* для истории православной церкви в царствование Николая I. Спб. 1902. — *Междуцарствие* 1825 г. и восстание декабристов в переписке и мемуарах членов царской семьи. М. 1926. — *Милюков А.* Литературные встречи и знакомства. II. 1890. — *Назаренко Я.* Комментарий к Дневнику Пушкина. З. Н. О. М. 1924, 6 (2). — *Нечкина М.* Общество соединенных славян. М. 1927. — *Нечкина М.* Украинская юбилейная литература о декабристах. И. М. 1927, 3. — *Никитин П.* Идеалист мещанства. Д. 1877, 1. — *Общественно-литературные,* революционные и народные движения 1-й пол. XIX в. См. С. Вознесенский. Программа чтения по русской истории. Указатель литературы. II. 1923, с. 186—204. — *Одоевский В.* Русские ночи. М. 1913. — *Павлищев Л.* Из семейной хроники. М. 1890. — *Петербургская* жизнь в 1825—1827 г.г. Р. С. 1904, 1. — *Пиксанов Н.* Грибоедов и старое барство. М. 1926. — *Писемский А.* Масоны. Роман в 5-ти частях. Спб. 1880—81. См. В. Е. 1881, 2. — *Письма* Пушкина к Елизавете Михайловне Хитрово. 1827—1832. — Л. 1927. — *Покровский М.* Очерки по истории революционного движения в России XIX и XX в.в. М. 1927. — *Полевой К.* Записки. Спб. 1888. — *Пушкин.* Письма. Т. I. М. 1926. Т. II. М. 1928. — *Пущин И.* Записки о Пушкине и письма. М. 1927. — *Пыпин А.* Характеристики литературных мнений от 20-х до 50-х г.г. Спб. 1909. — *Рассказы* кн. Голицына: Александр I и его время. Р. С. 1884, 1. — *Рейснер Л.* Портреты декабристов. К. Н. 1926, 2. — *Рождественский С.* Исторический обзор деятельности министерства народного просвещения. Спб. 1902. — *Рожков Н.* Духовная культура в России в тридцатых годах XIX века. С. его Русская история в сравнительно-историческом освещении. Т. 10, с. 211—273. М. 1924. — *Рожков Н.* Духовная культура и общественное движение в России в двадцатых годах XIX века. С. его Русская история в сравнительно и торическом освещении. Т. 10, с. 62—167. М. 1924. — *Рожков Н.* Тридцатые - сороковые годы. См. «Очерки по истории русской критики», т. I. М. 1929. — *Розанов И.* Декабристы-поэты. Атеист А. П. Барятинский. К. Н. 1926, 3. — *Рубакин Н.* Общественность первых тридцати лет XIX века (1800—1830). С. его «Среди книг». Т. I, с. 223—225. М. 1911. — *Самарин Ю.* Иезуиты и их отношение к России. М. 1870. — *Сахаров И.* Мои воспоминания. Р. А. 1873, 6. — *Семейство* Холмских. Некоторые черты нравов и образа жизни, семейной и одинокой, русских дворян. 6 т. т. М. 1833. — *Сергиевский И.* Проблема читателя у Пушкина. П. и Р. 1928, 2. — *Скабичевский А.* Катедер-карьерист 30-х годов. Р. М. 1897, 7.— *Смирнов В.* Аксаковы, их жизнь и литературная деятельность. Спб. 1895.— *Соллогуб В.* Воспоминания. II. 1887.— *Сперанский М.* Введение в уложение государственных законов. И. О. 1899, т. X.— Студенческие песни 1825—55 г., собранные гр. А. Б. И. В. 1881, 6.— *Сухомлинов М.* Исследования и статьи по русской литературе и просвещению. Т. I и II. Спб. 1887—1889.— *Сушкова Е.* Записки (1812—1841). Л. 1928.— *Тарасов Е.* Русские «геттингенцы» первой четверти XIX в. и влияние их на развитие либерализма в России. Г. М. 1914, 7.— *Тургенев И.* Литературный вечер у П. А. Плетнева. С. Сочинения, т. X. Спб. 1897. — *Тынянов Ю.* Кюхля. Повесть о декабристе. Л. 1925.— *Тынянов Ю.* Смерть Вазир-Мухтара. Л. 1929.— *Усиевич И.* Гоголь и его исследователь Переверзев. «Литература и искусство» 1930, 1. — *Фатов Н.* Пушкин и декабристы. М. 1929. — *Филиппов М.* Философские убеждения Белинского. Н. О. 1897, 5. — *Философические* письма к г-же ***. «Некрополис» 1829, декабря 1. «Телескоп» 1836, т. 34, № 12, с. 275—310. (Письмо П. Я. Чаадаева к Е. Д. Пановой, урожд. Улыбашевой).— *Фомин А.* К истории вопроса о развитии в России общественных идей в начале XIX в. Спб. 1914.— *Цареубийство* 11 марта 1801 года. Спб. 1908. — *Ченцов Н.* Восстание декабристов. Библиография. М. 1929. — *Шашков С.* Пушкин и Лермонтов. Д. 1873, 7, 9. — *Штрайх С.* Первый друг Пушкина. М. 1930.— *Щебальский П.* А. С. Шишков, его союзники и противники. Р. В. 1870, 11.— *Щеглов-Леонтьев И.* Подвижник слова. Спб. 1909. (О Гоголе).— *Щеголев П.* Владимир Раевский и его время. В. Е. 1903, 6.— *Щеголев П.* Грибоедов и декабристы. Спб. 1905.— *Щеголев П.* Книга о Лермонтове. Л. 1929. — *Щепкин Д.* Московский университет в половине 20-х годов. В. Е. 1903, 7.— *Щукин С.* В. Г. Белинский и социализм. М. 1929. — *Эльсберг Ж.* А. И. Герцен и Былое и думы. М. 1930. — *Энгельгардт Н.* Гоголь и романы 20-х годов. И. В. 1902, 2.— *Ясинский И.* Князь П. А. Вяземский в письмах к С. Д. Полторацкому. Наб. 1885, 9.

IV. СОРОКОВЫЕ И ПЯТИДЕСЯТЫЕ ГОДЫ

Аксаков И. Федор Иванович Тютчев. М. 1874. — *Аксаков К.* Обозрение современной литературы. Р. Бес. 1857, 5. — *Аксаков С.* История моего знакомства с Гоголем. С. его Сочинения, т. IV. — *Алижен Н.* Художник-боец. (О А. Толстом). Ж. М. Н. П. 1896, 1. — *Анненков П.* Литературные воспоминания. Л. 1928.— *Арнольд Ю.* Воспоминания. М. 1892. — *Ахматова.* Мое знакомство с Дружининым. Р. М. 1891, 12. — *Ахшарумов Д.* Записки петрашевца. М. 1930. — *Ахшарумов Д.* Из моих воспоминаний конца 40-х годов. В. Е. 1901, 11, 12. — *Ахшарумов Н.* Обломов. Р. В. 1860, 3.— *Барсуков Н.* Жизнь и труды М. П. Погодина. XI—XVI т.т. — *Батуринский В.* В начале 40-х годов. Вс. В. 1903, 4. — *Бестужев-Рюмин К.* Воспоминания. Спб. 1900. — *Бестужев-Рюмин К.* Славянофильское учение и его судьба в русской литературе. О. З. 1862, 1—3, 5. — *Боборыкин П.* Герцен. Р. М. 1907, 11. — *Боборыкин П.* Островский и его сверстники. С. 1878, 8—10. — *Богучарский В.* Ал. Ив. Герцен. Спб. 1912. — *Богучарский В.* Гоголь, как «учитель жизни». М. Б. 1902, 2. — *Бородкин М.* Славянофильство Тютчева и Герцена. Спб. 1902. — *Будде Е.* Общественные условия литературной деятельности Гоголя. Р. М. 1901, 11. — *Булгаков С.* Душевная драма Герцена. Киев, 1905. — *Бурдин.* Из воспоминаний. (Об Островском). В. Е. 1886, 12. — *Весин С.* Былое. Из русской жизни и литературы. 1840—1860 г.г. Житомир, 1900. — *Ветринский В.* Грановский, западники и славянофилы 1844—45 г. Р. М. 1896, 7. — *Винклер, Мартин.* Петр Яковлевич Чаадаев—вклад в историю русского умственного развития XIX века. На немец. яз. Кенигсберг, 1929. — *Виноградов П.* И. В. Киреевский и начало московского славянофильства. В. Ф. П., кн. 11. — *Воспоминания* Венюкова (1852—54 в Петербурге). Р. С. 1891, 1. — *Г—ч Ф.* Мужик с точки зрения людей 40-х годов. Д. 1881, 6. — *Гершензон М.* П. Я. Чаадаев. Философические письма. Апология сумасшедшего. В. Ф. П., кн. 82, 84.— *Глаголев А.* Социальный смысл творчества Сухово-Кобылина. Н. М. 1929, 12. — *Гнедич П.* Книга жизни. Воспоминания 1855—1918. Л. 1929. — *Гоголь Н.* Выбранные места из переписки с друзьями. 1846. С. «Письмо Белинского к Гоголю» по поводу этой переписки-. — *Голицын Ю.* Прошедшее

— 18 —

и настоящее. Спб. 1870. — *Головин К.* Русский роман и русское общество. Спб. 1897. — *Градовский А.* Полвека назад. И. В. 1903, 1. — *Гребенщиков М.* Политические и общественные идеи И. С. Аксакова. Д. 1887, 2. — *Григорович Д.* Литературные воспоминания. Л. 1928. — *Григорьев А.* Мои литературные и нравственные скитальчества. Вр. 1862, 11, 12. — *Григорьев А.* Сочинения, т. I. Спб. 1876, а также его «Воспоминания». Л. 1930 и ст. А. Блока «Судьба А. Григорьева». — *Д. Н.* Студенческие воспоминания. О. З. 1858, 8, 9; 1859, 1. — *Данилов В.* «Записки охотника» Тургенева со стороны социально-экономического момента. Род. 1925, 7. — *Дружинин А.* Собрание сочинений. Спб. 1865—1867. — *Евгеньев-Максимов В.* Н. А. Некрасов в начале 40-х годов. Р. Б. 1913, 10. — *Евгеньев-Максимов В.* Н. А. Некрасов и его современники. М. 1930. — *Евгеньев-Максимов В.* Н. Г. Чернышевский и Н. А. Некрасов. Зв. 1929, 12. — *Жемчужников А.* Мои воспоминания из прошлого. В. I. М. 1926. В. II. М. 1927. — *Жемчужников А.* Отрывки из моих воспоминаний о 50-х годах. В. Е. 1899, 2, 11; 1900, 11, 12. — *Записки Сергея Михайловича Соловьева.* П. «Прометей». Б. о. г. — *Зубков В.* Памяти И. С. Никитина. Ж. 1899, 10. — *Иванов И.* История русской критики. I—II тт. Спб. 1898—1900. — *Иванов И.* Поэт горькой правды. Р. М. 1896, 1. (И. С. Никитин.) — *Иванов И.* И. С. Тургенев. Спб. 1896. — *Иванов-Разумник.* Ив. Ив. Панаев. С. «Литературные воспоминания» И. И. Панаева. Л. 1928. — *Из записок сенатора К. Н. Лебедева.* Москва в последние годы Николаевского царствования (1852—1855 гг.). Р. А. 1888. 1—3; 1889, 1. — *Историко-политические письма и записки.* М. 1874. — *Каллаш В.* Н. В. Гоголь в воспоминаниях современников. М. 1909. — *Кедров Н.* Е. П. Ростопчина и ее приверженность к католицизму. Р. А. 1888, 3. — *Киреевский И.* О характере просвещения. — О необходимости новых начал. С. Полное собрание сочинений. 2 тт. М. 1910. Библиография Киреевского приведена в ж. В. Ф. П., кн. 6, а также в «Истории новой философии» Ибервега-Гейнце. Спб. 1890. — *Кирпичников В.* Погодин и Гоголь. Р. С. 1901, 1. — *Ковалевский М.* Герцен и освободительное движение на Западе. В. Е. 1912, 6. — *Коневской И.* Мировоззрение Щербины. С. сб. «Северные цветы ассирийские». М. 1905. — *Костомаров Н.* Украйнофильство. Р. С. 1880, 2. — *Котляревский Н.* Старинные портреты. Спб. 1907. С о А. К. Толстом. — *Крылов А.* Направления общественной и литературной мысли в 40-х гг. текущего столетия. Р. О. 1895. 2. — *Лернер Н.* Н. Ф. Щербина. И. В. 1906, 10. — *Любимов М.* М. Н. Катков и его историческая заслуга. М. 1889. — *Лясковский Б.* Братья Киреевские, их жизнь и труды. П. 1899. — *Майков В.* Гоголь и Аксаков. Р. О. 1891, 5. — *Максимов С.* Островский по моим воспоминаниям. Р. М. 1897, 1, 3, 5; 1898, 1—4; 1890, 2. — *Межов В.* С. Т. Аксаков. Указатель книг и статей о жизни и сочинениях его. 1816—1852. Спб. 1888. — *Милюков П.* С. Т. Аксаков. Р. М. 1891, 9. — *Модзалевский Б.* И. Е. Великопольский. Спб. 1902. — *Московское словенство.* Сов. 1862, 1. — *Неведенский С.* Катков и его время. Спб. 1888. — *Нелидов Ф.* Островский в кружке «молодого» «Москвитянина». Р. М. 1901, 3. — *Нечаев В.* Два лица мещанской интеллигенции в ранних повестях Достоевского. Рус. 1930. 1. — *Николаевский В.* Взгляды М. А. Бакунина на положение дел в России в 1849 г. Л. М. 1929, 9. — *Об отношении литературы 1857 г. к общественному мнению.* О. З. 1858, 2. — *Оболенский Д.* Наброски из прошлого. И. В. 1893, LIV. — *Очерки из петербургской жизни Нового поэта* (И. И. Панаева). 2 ч. Спб. 1889. — *П. У.* Русский турист 40-х годов. Д. 1877, 8. — *Панаев В.* Воспоминания. Р. С. 1893, 12. — *Панаев И.* Воспоминания о Белинском. Сов. 1860, 1. — *Панаев И.* Литературные воспоминания. Л. 1928. — *Панаева А.* Семейство Тальниковых. Л. 1928. — *Переверзев В.* К вопросу о социальном генезисе творчества Гончарова. П. и Р. 1922, 1, 2. — *Переверзев В.* О социальном генезисе Обломовщины. П. и Р. 1925, 2. — *Петров.* Славянофильское учение. И. В. 1901, 9. — *Петухов Е.* Ф. И. Тютчев. Юрьев, 1906. — *Писарев Д.* Русский Дон-Кихот. С. Сочинения, т. II. 1894. — *Писемский А.* Люди сороковых годов. Роман. М. 1928. — *Писемский А.* Тысяча душ. О. З. 1858, 1—6. — *Покровский М.* Чернышевский и крестьянское движение конца 1850-х годов. П. М. 1928, 3. — *Поспелов Г.* Ранняя повесть Тургенева. Л. и М. 1928, 3. — *Пыпин А.* История русской этнографии. Т. II, гл. II и XI. — Р. Былое. Р. С. 1901, 9—12. — *Райский Л.* Социальные воззрения петрашевцев. Л. 1927. — *Рожков Н.* Духовная культура и общественное движение в России в сороковых годах XIX века. С. его Русская история в сравнительно-историческом освещении. Т. 10, с. 320—369. М. 1924. — *Рожков Н.* Пятидесятые годы. С. «Очерки по истории русской критики», т. I. М. 1929. — *Рубакин Н.* Общественность сороковых годов (1838—48 гг.). С. его «Среди книг». Т. I, с. 225—227. М. 1911. — *Рубакин Н.* Общественность пятидесятых годов (1848—1855 гг.). С. его «Среди книг». Т. I, с. 227—229. М. 1911. — *Рубинштейн Н.* Историческая теория славянофилов и ее классовые корни. С. «Русская историческая литература в классовом освещении». Т. I. М. 1927. — *Русанов Н.* Из идейной истории русского социализма 40-х гг. Р. Б. 1909, 1. — *Русанов Н.* Огарев, как политический деятель и публицист. Р. Б. 1913, 11. — *Рязанов Д.* Новые данные о русских приятелях Маркса и Энгельса. Л. М. 1928, 6. — *Салтыков-Щедрин М.* Письма. 1849—1889. Л. 1925. — *Семенов-Тянь-Шанский П.* Мемуары. II. 1917. — *Скабичевский А.* Сорок лет русской критики. Сочинения, т. I. Спб. 1895. — *Соколов Н.* Николай Васильевич Гоголь и современное ему русское общество. Н. О. 1902, 3. 4. — *Соколов П.* Воспоминания. И. В. 1910, 8. — *Старчевский А. А.* Дружинин. Из воспоминаний старого журналиста. Наб. 1885. 4—6. — *М. М. Стасюлевич и его современники в их переписке.* Т. III. Спб. — *Стеклов Ю.* Н. А. Некрасов и Н. Г. Чернышевский. Н. Л. П. 1928. 1, 2. — *Стеклов Ю.* Студенческие годы Н. Г. Чернышевского. Н. Гв. 1928, 7. 8. — *Стеклов Ю.* Н. Г. Чернышевский. К вопросу об его политических взглядах. Н. С. 1928, 2. — *Струве П.* Герцен. Р. М. 1912, 4. — *Сухово-Кобылин А.* Картины прошлого. М. 1869. — *Сухомлинов М.* Из литературы 40 и 50-х гг. И. В. 1880, 1—3. — *Тихомиров Д.* Материалы для библиографического указателя произведений Огарева и литературы о нем. Спб. 1908. — *Трубачев С.* фельетонный беллитрист. (Н. Н. Понаев). Н. В. 1889. 4. — *Тургенев и круг «Современника».* Л. 1930. — *Тургенев И.* Письмо из Петербурга (по поводу смерти Гоголя). С. Сочинения, т. X, с. 73—77. Спб. 1897. — *Тучкова-Огарева Н.* Воспоминания. Л. 1929. — *Тютчев Ф.* Россия и революция. Р. А. 1873, 5. — *Тютчева А.* При дворе двух императоров. М. 1928. — *Усов П.* Булгарин в последнее десятилетие его жизни. (1850—1859). И. В. 1883. 8. — *Усов П.* Из моих воспоминаний. И. В. 1882, 1 — 3, 5; 1883, 2—5; 1884, 2, 3. — *Устрялов Ф.* Воспоминания о петербургском университете в 1852—56 г. И. В. 1884, 6, 7. — *Феоктистов Е.* За кулисами политики и литературы 1848—1896 г. Л. 1929. — *Фомин А.* Библиография произведений Герцена и литературы о нем. С. Ч. Ветринский. Герцен. Спб. 1908. *Фомин А.* Положение русской женщины в семье и обществе по произведениям А. Н. Островского. Р. М. 1899, 1—3. — *Цебрикова М.* Пятидесятые годы. В. В. И. 1901, 10—12. — *Чернышевский М.* Библиографический указатель статей о Чернышевском (1854—1910). Спб. 1911. — *Чернышевский Н.* Воспоминания о Некрасове, Тургеневе и Добролюбове. Л. и М. 1929, 4. — *Чернышевский Н.* Дневник 1848—1853 гг. С. его «Литературное наследие». Т. I. М. 1928 1. — *Чичерин Б.* Воспоминания. Ч. II. Москва сороковых годов. М. 1929. — *Чичерин Б.* Несколько слов о философско-исторических взглядах Грановского. В. Ф. П. 1897, 36. — *Чичерин Б.* Несколько современных вопросов. М. 1862. (Свое письмо к Герцену Чичерин «называет первым протестом русского человека» против направления «Колокола»). — *Швырев С.* Взгляд на современное направление русской литературы. Мос. 1842, 1. — *Шелгунов Н.* Воспоминания. М. 1923. — *Шенрок В.* С. Т. Аксаков и его семья. Ж. М. Н. П. 1904, 10—12. — *Шенрок В.* Гоголь и Белинский. М. Б. 1902, 5. — *Шпет Г.* Философское мировоззрение Герцена. П. 1921. — *Эйсенбаум Б.* Лев Толстой. Л. 1928. — *Эйхенбаум Б.* Л. Толстой и «Современник». Зв. 1928, 8. — *Энгельгардт Н.* Цензура в эпоху великих реформ. И. В. 1902, 9—12. — *Языков Д.* Библиография трудов Анненкова. И. В. 1887, 6. — *Языков Н.* Пророк славянофильского идеализма. Д. 1876, 9. (О. А. Григорьеве). — *Яковлев Н.* Петрашевцы в изображении Салтыкова. Зв. 1929, 8. — *Ярмерштедт В.* Миросозерцание кружка Станкевича и поэзия Кольцова. В. Ф. П., кн. 20. 22.

V. ШЕСТИДЕСЯТЫЕ ГОДЫ

А. «Общественная психология» в романе «Бесы». Р. В. 1873, 8. (Автор ст. В. Г. Авсеенко). — *Аноним.* С Невского берега. Д. 1868, 5. — *Базаров В.* Из истории просветительства. П(ж). 1904, 6—8. — *Бельчиков Н.* Из быта литературных кружков 60—70 годов. Л. и М. 1928, 3. — *Бельчиков Н.* Тургенев и Достоевский. (Критика «Дыма»). Л. и М. 1928, 1. — *Бельчиков Н.* Чернышевский и Достоевский. П. и Р. 1928, 5. — *Берлинер Г.* Н. Г. Чернышевский и его литературные враги. М. 1930. — *Боборыкин П.* За полвека. (Мои воспоминания). М. 1929. — *Богданович Т.* Любовь людей шестидесятых годов. Л. 1929. — *Богучарский В.* Столкновение двух течений общественной мысли. М. Б. 1901, 11. — *Вадим.* Тьма. Повесть. Сов. 1863, 12. (Псевдоним Е. А. Салиаса). — *Весеньев И.* Кое-что из наших нравов. О. З. 1862, 9. — *Ветринский V.* «Колокол» и крестьянская реформа. М. 1901. — *Виницкая В.* Воспоминания о Н. Д. Хвощинской. И. В. 1895, 1. (Крестовский, псевдоним). — *Волынский А.* Русские критики. Спб. 1896. — *Волынский А.* Царство Карамазовна. Н. С. Лесков. Спб. 1901 г. — *Ворононов Ф.* Сорок лет тому назад. В. Е. 1904, 6—8. — *Г-фов А.* Любовь и негилизм. Р. С. 1863, 1. — *Гаврилов Н.* Западное влияние в поэзии революционных разночинцев. Л. и М. 1930, 3. — *Ганжулевич Т.* Герцен и Достоевский в истории русского самосознания. Спб. 1907. — *Гершензон М.* Архив Н. А. и Н. П. Огаревых. М. 1930. — *Гершензон М.* Образы прошлого. М. 1912. — *Гершензон М.* Социально-политические взгляды Герцена. М. 1906. — *Глинский Б.* Революционный период русской истории (1861—1881). Спб. 1913. — *Горев Б.* Н. Г. Чернышевский в свете современности. П. и Р. 1928, 5. — *Горев Б.* Н. Г. Чернышевский — журналист и редактор. Жур. 1928, 9. — *Д. П.* Новые подвиги наших лондонских агитаторов. Р. В. 1862, 9. — *Данилевский Н.* Россия и Европа. З. 1869, 1—6, 8—10. — Дневники Софьи Андреевны Толстой. 1860—1891. М. 1928. — *Достоевский Ф. и Тургенев И.* Переписка. Л. 1928 г. — *Евгеньев-Максимов В.* И. А. Гончаров. М. 1925. — *Евгеньев-Максимов В.* Некрасов как человек, журналист и поэт. М. 1928. — *Евгеньев-Максимов В.* Салтыков-Щедрин и реакционная публицистика 60-х гг. Зв. 1929, 11. — *Евгеньев-Максимов В.* Эволюция общественных взглядов Гончарова в 60-е годы. Зв. 1926, 5. — *Ершов В.* К истории русской журналистики и общественности. О. 1903, 10, 11; 1905, 1—5; 1906, 9, 11, 12. — *Жуковская Е.* Записки. Л. 1930. — *Замотин И.* Сороковые и шестидесятые годы. П. 1915. — *Записка* А. Н. Пыпина по делу Н. Г. Чернышевского. К. А. 1927, З (XXII). — *Зильберштейн И.* Встреча Достоевского с Тургеневым в Бадене в 1867 году. См. Ф. М. Достоевский и И. С. Тургенев. Переписка. Л. 1928. — *Иванов И.* Писарев, его сподвижники и враги. М. Б. 1899, 1—3. — *Иванов-Разумник.* М. Е. Салтыков-Щедрин, ч. 1. М. 1930. — *Игнатович В.* Нечто о профессорах. О. З. 1861, 12. — *Камнев Л.* О. Н. Г. Чернышевском. М. Гв. 1928, 12. — *М. Н. Катков* и гр. П. А. Валуев. Р. С. 1915. — *Керн А.* Воспоминания. Л. 1929, с.354—388: «Рассказ о событиях в Петербурге». — *Кизеветтер А.* Русское общество и реформа 1861 г. С. его «Исторические отклики». М. 1915. — *Кин В.* Гамлетизм и нигилизм в творчестве Тургенева. Л. и М. 1929, 6. — *Кирпотин В.* История русской публицистики и диалектика. Зв. 1926, 6. (По поводу ст. В. Переверзева о нигилизме Писарева). — *Кирпотин В.* Материализм Писарева. П. З. М. 1927, 1. — *Кирпотин В.* Материализм Чернышевского. В. К. А. 1928, 30. — *Кирпотин В.* Публицистическая деятельность Антоновича до ареста Чернышевского. П. З. М. 1928, 7—8. — *Кирпотин В.* Радикальный разночинец Д. И. Писарев. Л. 1929. С. рецензию А. Нифонтова. П. З. М. 1929, 10, с. 240—246. — *Кирпотин В.* Чернышевский и марксизм. И. М. 1928, 8. Есть отд. изд. 1929. Л. — *Клеменц Д.* Из прошлого. Л. 1925. — *Козьмин Б.* Бр. Достоевские и прокламация «Молодая Россия». П. и Р. 1929, 2. — *Козьмин Б.* Д. И. Писарев и социализм. Л. и М. 1929. 4, 5, 6. — *Козьмин Б.* «Раскол в нигилистах». (Эпизод из истории русской общественной мысли 60-х годов). Л. и М. 1928, 2. — *Козьмин Б.* Революционное подполье в эпоху «белого террора». М. 1929. — *Комарова А.* Одна из многих. П. 1880. Роман. — *Кочнев В.* Событие в нигилистическом мире. Р. В. 1870, 2. — *Красноперов И.* Записки разночинца. М. 1929. — *Лейкин Э.* Эко-

неические взгляды Чернышевского. В. К. А. 1928, 30. — *Лейкина В.* Реакционная демократия 60-х годов. Почвенники. Зв. 1929, 6. — *Лемке М.* Дело Д. И. Писарева. Был. 1906, 2. — *Лемке М.* Дело Н. Г. Чернышевского. Был. 1906, 4. — *Лемке М.* Эпоха цензурных реформ (1859—1865). Спб. 1904. — Ленин о Н. Г. Чернышевском. М. 1928. — *Лепешинский П.* Личное и общественное. (Страничка из истории русской общественности). К. Н. 1928, 2. — *Ломакин А.* Ленин о Чернышевском. И. 1928, 170. — *Ломакин А.* Чернышевский и история социализма. И. 1928, 273. — *Ломакин А.* Чернышевский — предтеча нашей партии. И. 1928, 271, 272. — *Луначарский А.* Чернышевский — революционер. И. 1928, 273. — *Луначарский А.* Этика и эстетика Чернышевского перед судом современности. В. К. А. 1928, 25. — *Любимов Н.* Катков по личным воспоминаниям. Р. В. 1888, 1—4, 7, 8; 1889, 2, 3. — *Ляцкий Е.* Н. Г. Чернышевский и учителя его мысли. С. М. 1910, 10. — *Марко-Вовчок.* Живая душа. О. З. 1868. — *Минаев Д.* Людоеды или люди шестидесятых годов. Роман в стихах. Спб. 1881. Евгений Онегин нашего времени. Роман в стихах. Спб. 1863. — *Н. А.* Как изучать Чернышевского. Ч. П. 1928, 47. — *Нечкина М.* Юбилейная литература об Н. Г. Чернышевском. И. М. 1928, 10. — *Никольский Ю.* Достоевский и Тургенев. (История одной вражды). София, 1921. — *Носков Н.* Из воспоминаний о Шеллере. Спб. 1900. — О направлении в литературе. О. З. 1869, 8. — *Ольминский М.* О печати. Л. 1926. С. «Характер эпохи после 1861 года». — *Ольминский М.* Перед реформой. (Общественные силы и их взаимоотношения перед 1861 г.). О. 1908, 6. — *Панаева А.* Воспоминания. 1824—1870. Л. 1928. — *Переверзев В.* Нигилизм Писарева в социологическом освещении. К. Н. 1926, 6. — *Переверзев В.* Образ нигилиста у Гончарова. Л. и М. 1928, 1. — *Переверзев В.* Теоретические предпосылки Писаревской критики. В. К. А. 1929, 31. — *Переверзев В.* Трагедия художественного творчества у Гончарова. В. К. А. 1923, 5. — *Переписка* Чернышевского с Некрасовым, Добролюбовым и А. С. Зеленым. М. 1925. — *Пиксанов Н.* Юбилейная литература по Чернышевскому. Л. и М. 1928, 5. — *Пинкевич П.* Историко-социологические взгляды Н. А. Добролюбова. П. З. М. 1928, 12. — *Письмо* Д. И. Писарева редактору «Вестника свободных мыслей». Р. С. 1900, 10. — *Плеханов* о Н. Г. Чернышевском. Сочинения, т. V и VI. Под ред. Д. Рязанова. — *Покровский М.* Н. Г. Чернышевский, как историк. И. М. 1928, 8. — *Покровский Н.* Тургенев в его значении — художественном, историческом и общественном. М. 1905. — *Прохоров Г.* Писарев и Благосветлов. Зв. 1929, 11. — *Рожков Н.* Духовная культура, оппозиционное и революционное движение в России в шестидесятых и семидесятых годах XIX века. С. его Русская история в сравнительно-историческом освещении. Т. II, с. 93—221. М. 1925. — *Рубакин Н.* Общественность шестидесятых годов. (1885—70). С. его «Среди книг». Т. I, с. 229—232. М. 1911. — *Салтыков-Щедрин.* Глупов и глуповцы. К. Н. 1926, 5. — *Скабичевский А.* Литературные воспоминания. М. 1928. — *Случевский К.* Явления русской жизни под критикою эстетики. Спб. 1866—1867. — *Совсун В.* В. Зайцев как литературный критик. Л. и М. 1928, 1. — *Совсун В.* Социологические основы творчества Помяловского. С. сб. под ред. В. Ф. Переверзева «Литературоведение». М. 1928. — *Соловьев.* Искусство и жизнь. М. 1869. (Здесь изображена полемика 60-х годов). — *Соловьев Е.* (Андреевич). Очерки по истории русской литературы. М. 1923. С. Шестидесятые годы. — *Старчаков А.* Толстой в сорок лет. И. 1928, 186, 198. — *Старчаков А.* Н. Г. Чернышевский. И. 1928, 170. — *Стеклов Ю.* Был ли Н. Г. Чернышевский утопистом? П. З. М. 1928, 1, 2. — *Стеклов Ю.* Вокруг процесса Н. Г. Чернышевского. К. Н. 1927, 4. — *Стеклов Ю.* Историко-философские взгляды Н. Г. Чернышевского. К. Н. 1927, 7. — *Стеклов Ю.* Философские воззрения Н. Г. Чернышевского. П. З. М. 1927, 5. — *Стеклов Ю.* Н. Г. Чернышевский. Его жизнь и деятельность. Т. I. М. 1928. — *Стеклов Ю.* Чернышевский и его роман «Что делать?» М. Гв. 1927, 10. — *Стеклов Ю.* Н. Г. Чернышевский и революционное движение 60-х годов. В. К. А. 1928, 27. — *Стеклов Ю.* Чернышевский как общественник и революционер. Р. К. 1929, 22. — *Стеклов Ю.* Этическая система Чернышевского. П. З. М. 1928, 3. — *Страхов Н.* Из истории литературного нигилизма 1861—1865 гг. Спб. 1890. — *Суслова А.* Годы близости с Достоевским. М. 1928. — *Толстой Л.* Неизданные художественные произведения.

М. 1928. С. «Зараженное семейство». «Нигилист». — *Тургенев И.* Призраки. С. Сочинения, т. VI. Спб. 1897. — *Тяжелое* время. Вр. 1862, 10 — *Утин Е.* Литературные споры нашего времени. В. Е. 1869, 11. — *Фролов Н.* Н. Г. Чернышевский. М. 1928. (Как идеолог крестьянской революции). — *Цейтлин А.* Сюжетика антинигилистического романа. Л. и М. 1929, 2. — *Цейтлин А.* Тургенев и нигилизм. Рус. 1929; 6. — *Чичерин Б.* Воспоминания: Московский университет. М. 1929. — *Чуковский К.* Некрасов. Л. 1926. — *Шелгунов Н.* Воспоминания. М. 1923. — *Шелгунов Н.* Типы русского бессилия. Д. 1862, 3. — *Шестаков.* Студенческие волнения в 1861 г. Р. С. 1888, 11. — *Штраух А.* К вопросу о генезисе социальных воззрений. Н. Г. Чернышевского. М. 1929. — *Щапов А.* Земство и раскол. (Общественно-демократическая точка зрения). Вр. 1862, 10. 11. — *Щебальский П.* Роман из освобождения крестьян. Р. В. 1882, 3. — *Щедрин* или раскол в нигилистах. Э. 1864, 5. — *Энгельгардт Н.* Очерк истории русской цензуры в связи с развитием печати в прошлом и настоящем. М. 1905.

VI. СЕМИДЕСЯТЫЕ ГОДЫ

Автобиографии революционных деятелей русского социалистического движения 70—80-х годов. С примечаниями В. Н. Фигнер. С. Энциклопедический словарь Русского библиографического института Гранат, т. 40 (седьмое издание). — *Благовещенский Н.* Семидесятые годы. М. 1929. — *Блок А.* Возмездие. Поэма. П. 1922. — *Блуждание* русской мысли. Р. В. 1876, 8. — *Бух Н.* Воспоминания. М. 1928. — *Буш В.* Литературная деятельность Гл. Успенского. Л. 1927. — *Витязев П.* П. Л. Лавров в 1870—73 гг. Был., № 15. — *Герье В.* Свет и тени университетского быта. В. Е. 1876, 2. — *Головачев А.* Мысли вслух. О. З. 1875, 8, 10—12; С. 1880, 1, 6. — *Горев Б.* Н. К. Михайловский и марксизм. П. З. М. 1924, 1. — *Градовский А.* Трудное время (1876—1880). Спб. 1880. — *Дебагорий-Мокриевич В.* Воспоминания. 3-ье издание. Спб. — *Дейч Л.* Г. В. Плеханов. М. 1922. — *Ефремин А.* Щедрин — сатирик. И. 1929, 104. — *Житецкий.* Литературные воспоминания о 70-х гг. В. Е. 1908, 10. — *Иванов-Разумник.* Н. К. Михайловский. Центральный пункт его мировоззрения. Р. М. 1904, 3. — *Иванчик-Писарев А.* Хождение в народ. М. 1929. — *Кавелин К.* Политические призраки. Берлин, 1878. — *Камегулов А.* Стилевые тенденции народнической литературы. Н. Л. П. 1929, 11—12, с. его «Стиль Глеба Успенского». Л. 1930. — *Камков Б.* Историко-философские взгляды П. Л. Лаврова. П. 1917. — *Книжник-Ветров И.* Петр Лаврович Лавров. М. 1930. — *Козьмин Б.* Публицистическая деятельность П. П. Червинского. Сов. 1925, 1. — *Козьмин Б.* П. Н. Ткачев и народничество. К. С. 1926, XXII (1). — *Колубовский Я.* П. Л. Лавров. В. Ф. П. 1898, 44, с. 285—318. Библиография, дополнение к ней в ж. «Известия Одесского библиографического общества», т. III, в. 6, с. 300—302. — *Корнилов А.* Общественное движение при Александре II (1855—1881). М. 1909. — *Кривцов П.* П. Н. Ткачев. Н. Л. П. 1927, 3. — *Кузьмин Д.* Народовольческая журналистика. М. 1930. — *Кузьмин П.* Кризис реалистического мировоззрения в 70-х годах. Л. и М. 1930. 4. — *П. Лавров* о самом себе. В. Е. 1910, 10—11. С. о нем: Был. 1907, 2; Р. Б. 1910, 2; И. В. 1907, 1—2; 1912, 1 (ст. А. Винницкой). — *Тадоха Г.* Исторические и социологические воззрения П. Л. Лаврова. С. «Русская историческая литература в классовом освещении». Т. I. М. 1927. — *Левицкий В.* (Цедербаум В.). Партия «Народная Воля». Возникновение, борьба, гибель. М. 1928. — *Лесков Н.* Народники и расколоведы. И. В. 1883, 5. (О. П. И. Мельникове-Печерском, авторе романов: «За Волгою», «В лесах» и «На горах»). — *Литература* партии «Народная Воля». М. 1930. — *Лойко Л.* От «Земли п Воли» к ВКП(б). М. 1929. — *Лопатин Г.* Воспоминания о И. С. Тургеневе. К. Н. 1927, 8. (Кто был изображен Тургеневым в лице Нежданова, героя «Нови»). — *Любатович О.* Далекое и недавнее. М. 1930. — *Малаховский В.* Плеханов о сущности народничества. П. Р. 1929, 1. — *Мещерский В.* Россия под пером замечательного человека. Р. В. 1871, 4. — *Мильштейн А.* Элементы научного социализма в учении П. Л. Лаврова. Т. В. П. И. 1927, П. 1. — *Моисеенко П.* Воспоминания. 1873—1923. М. 1924. — *Мороховец Е.* Юбилейная литература о Бакунине. И. М. 1927, 4. — *Н. Ш.* Серединный интеллигент. Д. 1875, 10, с. 205. — «*Народная Воля*» в документах и воспоминаниях. М. 1930. — *Наши бури и непогоды*. О. З. 1870, 2. — *Невский В.* К вопросу о рабочем движении в 70-е годы. И. М. 1927, 4 и его же От «Земли и Воли» к группе «Освобождение Труда». М. 1930. — *Немеровская О.* Вокруг Анны Карениной. П. и Р. 1928, 6. — *Овсянико-Куликовский Д.* Воспоминания. П. 1923. — *П. М.* По поводу критики «Исторических писем». Зн. 1871, 10. — *Плеханова Р.* Наша жизнь до эмиграции. С. сб. № 6 Группа «Освобождение Труда». М. 1928. — *Полонский В.* Бакунин — якобинец. В. К. А. 1926, 18. — *Попов Н.* Но поводу «Ответа на ответ». Б. 1926, 11. С. также № 7—8, с. 68—85. — *Протопопов М.* Последовательный народник. Р. М. 1891, 5, 6. — *Пыпин А.* История русской этнографии. Т. II, гл. XII. — *Рубакин Н.* Общественность семидесятых годов (1870—81 гг.) С. его «Среди книг». Т. I, с. 232—236. М. 1911. — *Русанов Н.* Лавров, человек и мыслитель. Р. Б. 1910, 2 и Н. Рожков. Русская история. 1905, т. XI, с. 93—221; — *Русская* литература в ее современных представителях. Критико-биографические этюды Семена Венгерова. Ч. 1. Спб. 1875. — *Самарин Ю.* и *Дмитриев Ф.* Революционный консерватизм. Берлин, 1875. — *Синегуб С.* Записки чайковца. М. 1929. — *Станкевич А.* Каренина и Левин. В. Е. 1878, 4, 5. — *Стеклов Ю.* Что разделяет и сближает нас с Бакуниным. В. К. А. 1926, 18. — *Теодорович И.* Историческое значение партии Народной Воли. М. 1930. — *Тихомиров Л.* Заговорщики и полиция. М. 1930. — *Трубецкой С.* Разочарованный славянофил. В. Е. 1892, 10. — *И. С. Тургенев* в воспоминаниях революционеров-семидесятников. Л. 1930. — *Фадеев Р.* Русское общество в настоящем и будущем (Чем нам быть?). Спб. 1874. — *Фаресов.* Беллетрист-воспитатель. (Михайлов-Шеллер). Кн. Н. 1898, 11. — *Фриче В.* П. Л. Лавров и «чистое искусство». П. З. М. 1923, 6—7. — *Фроленко М.* Записки семидесятника. М. 1927. — *Цедербаум С.* Женщина в русском революционном движении 1870—1905 гг. Л. 1927. — *Чарушин Н.* О далеком прошлом. М. 1926. — *Шашков О.* Живописатели «новых людей» и печальники народного горя. Д. 1878, 3. — *Щебальский П.* Идеалисты и реалисты. Р. В. 1871, 7. С. ст. А Пыпина. В. Е. 1871, 10. — *Щукин С.* Две критики. М. 1930, к. 191—250. — *Энгельгардт А.* Из деревни. Спб. 1897.

VII. ВОСЬМИДЕСЯТЫЕ ГОДЫ

Абрамов Я. Забытое сословие. Наб. 1885, 1. — *Абрамов Я.* Мещане и «город». О. З. 1883, 3. — *Абрамов Я.* Прошлое и настоящее штунды. Д. 1883, 1, 2. — *Андреевский С.* Братья Карамазовы. Р. В. 1889, 6. — *Анненков П.* Художник и простой человек. В. Е. 1882, 4. — *Аптекман О.* Георгий Валентинович Плеханов. Л. 1924. — *Архангельский В.* Основной образ в творчестве Гаршина. Л. и М. 1929, 2. — *Белоголовый Н.* Воспоминания 1876—1888 гг. Р. С. 1889, 9. — *Белоконский И.* Дань времени. Воспоминания. М. 1928. — *Боборыкин П.* За полвека. Воспоминания. Р. М. 1906. 2, 5, 11. — *Богучарский В.* События 1 марта 1881 г. и Михайловский. Был. 1906, 3. — *Бороздин А. И.* Аксаков и петербургские студенты 80-х гг. С. его «Литературные характеристики XIX века». П. 1911. — *Буква* (Василевский). Рябь и зыбь родного прогресса. Наб. 1882, 1—5, 8, 11, 12. — *Булгаков Ф.* Оригинальное народничество. И. В. 1881, 6. — *Буш В.* Глеб Успенский о Карле Марксе. Н. Л. П. 1929, 21. — *Введенский А.* Поэт переходного времени. Д. 1886, 5. — *Вересаев В.* В юные годы. Воспоминания. М. 1928. — *Витте С.* Воспоминания. Т. I, II и III. М. 1923. — *Володин П.* Народолюбцы. Р. Б. 1881, 10. — *Воспоминания Льва Тихомирова*. М. 1927. — *Воспоминания о второй половине 80-х гг.* М. Г. 1908, 10—11. — *Г. А.* Как я стал духовным братом. У. 1882, 9, 10. — *Герасимов А.* Щедрин и студенчество. М. Гв. 1926, 3. — *Гершензон М.* Письма к брату. М. 1927. — *Глинский Б.* Период твердой власти. Внутренняя политика России в эпоху 80-х годов. И. В. 1912, 2, 4, 5, 7, 8, 10—12. — *Горев Б.* Социальное преломление идей Толстого. П. и Р. 1928, 6. — *Горький М.* Жизнь Клима Самгина. Трилогия «Сорок лет». — *Грибовский В.* Вождь реакции 60—80 годов. (М. Н. Катков). Был. 1917, 4. — *Гринсвич.* Певец больного поколения. (Надсон). Р. Б. 1897.

— 24 —

5. — *Данилевский Н.* Россия и Европа. П. 1871—1889. С. ст. Вл. Соловьева в ж. В. Е. 1888, 2, 4. — *Дейч А.* Легенда о Чехове. Ис. 1929. 5. — *Дерман А.* Чехов — публицист. П. и Р. 1928, 7. — Дневник Е. А. Перетца (1880—1883). М. 1927. — *Иванюков И.* Уныние и пессимизм современного культурного общества. С. В. 1835, 2. — *Интеллигенция, народ, буржуазия.* Д. 1881, 12. (Очень характерная статья для 80-х гг.). — *Кистяковский Б.* Страницы прошлого. М. 1912. — *Коневской И.* На рассвете. С. его «Стихи и проза». Москва. «Скорпион». 1904. — *Коробка Н.* На пороге упадка. (А. Н. Апухтин). Р. М. 1898, 6. — *Коробчевский Д.* Бытописатель денежной силы. (Островский). Д. 1886, 2—4. — *Короленко В.* Дневник. Т. I. (1881—1893). Харьков, 1925. Т. II. 1893—1894. Харьков, 1926. — *Костров Т.* В бездорожьи эпохи. Н. Л. П. 1929, 18. — *Кочнев В.* Против течения. Р. В. 1880, 8, 9; 1881, 3, 6, 10; 1882, 1. — *Красносельский А.* Голос жизни в области мысли. О. З. 1883, 9, 10. — *Кугель А.* Литературные воспоминания. П. 1923. *Кутузов.* Русское общество и славянский вопрос. Д. 1887, 3. — *Лавров П.* Взгляд на прошедшее и настоящее русского социализма. Спб. 1906. — *Ленский Б.* Государственное вмешательство на русской почве. Д. 1883, 10. — *Ленский Б.* Факторы нашей социально-политической жизни. Д. 1882, 1. — *Лепшгинский П.* На повороте. П. 1922. — *Литературные мечтания и действительность.* В. Е. 1881; 1882, 2, 9. — *Менделеева А.* Менделеев в жизни. М. 1928. — *Мережковский Д.* Толстой и Достоевский. Спб. 1909. — *Милюков П.* Разложение славянофильства. (Данилевский, Леонтьев, Вл. Соловьев). В. Ф. П., кн. 18, 19. — *Минский Н.* При свете совести. П. 1890. — *Мышковская Л.* Чехов и юмористические журналы 80-х годов. М. 1929. — *Народ и общество.* Д. 1882, 2. — *Народовольцы* 80-х и 90-х годов. М. 1929. — *Народовольцы после 1 марта 1881 года.* М. 1928. — *Наши партии.* Д. 1882, 3. — *Никифоров Н.* Петербургское студенчество и Вл. Соловьев. В. Е. 1912, 1. — *Оболенский Л.* Идеалы современной жизни и литературы. Р. Б. 1885, 10—12. — *Оболенский Л.* О народничестве. Р. Б. 1884, 1. — *Овсяннико-Куликовский Д.* Русский марксизм 80-х годов. В. В. 1912, 10. — *Ольминский М.* Щедрин и Ленин. Н. Л. П. 1929, 14. — *П.* В. М. Гаршин. Художник переходного времени. Э. 1881, 1. — *Панкратов В.* Воспоминания. М. 1923. *Павухин А.* Современное состояние России и сословный вопрос. Р. В. 1885, 1. — *Петров.* Провинциальные писатели и статистика. С. В. 1887, 4. — *Письма К. П. Победоносцева к Александру III.* М. 1926. — *Пиксанов Н.* В. Г. Короленко. Идеология — творчество. См. В. Г. Короленко. Избранные произведения. М. 1926. — *К. П. Победоносцев и его корреспонденты.* Т. I., полут. I и II. М. 1923. — *Полянский В.* А. П. Чехов. И. 1929, 159. (Об интеллигенции 80-х годов). — *Поссе В.* Студенчество и революция 40 лет тому назад. М. Гв. 1928, 1. — *Приклонский.* Странники или бегуны. С. В. 1888, 9, 10. — *Пуле (М. де).* Нигилизм, как патологическое явление русской жизни. Р. В. 1881, 11. — *Радлов Э.* Исторические и политические взгляды Соловьева. Ж. М. Н. П. 1912, 8. — *Рожков Н.* Духовная культура, оппозиционное и революционное движение в России с начала восьмидесятых годов XIX века до 1905 года. С. его Русская история в сравнительно-историческом освещении. Т. II, с. 293—391. М. 1925. — *Россия и ее политические задачи.* Р. М. 1880, 12. — *Рубакин Н.* Общественность восьмидесятых годов. С. его «Среди книг». Т. I, с. 236—241. М. 1911. — *Русанов Н.* Политика Михайловского. Был. 1907, 7. — *Рязанов Д.* Г. В. Плеханов и группа «Освобождение Труда». М. 1919 — *Самодержавие и конституционализм.* Р. Р. 1881, 6. — *Слонимский Л.* Из прошлого. В. Е. 1912, 11. — *Слухоцкий Л.* Участие деятелей революционной эмиграции 80-х г. г. в журнале «Дело». Зв. 1929, 12. — *Созерцатель.* «На ущербе» Боборыкина. Р. Б. 1890, 5, 6. — *Соловьев В.* Критика отвлеченных начал. (Это сочинение есть выражение миросозерцания буржуазной интеллигенции. О поэзии В. С. Соловьева с. ст. Лукьянова. В. Е. 1901, 3). Докторская диссертация, публичная защита которой состоялась 6 апреля 1880 г. — *Соловьев Е.* (Андреевич). Очерки по истории литературы XIX в. М. 1923. Общая характеристика 80-х годов с классовой точки зрения. — *Спасович В.* Соловьев, как публицист. В. Е. 1901, I. — *Страхов Н.* Спор из-за книги Н. Я. Данилевского. Р. В. 1889, 12. — *Тихомиров Л.* Почему я перестал быть революционером? Париж, 1888. — *Трубников К.* Немец и

иезуит в России. Спб. 1881. См. Наб. 1882, 10. — *1864—1914.* Юбилейный земский сборник. Спб. 1914. — *Уймович.* Провинциальное человечество. С. В. 1886, 7. — *Усов П.* Взгляд французского писателя на нынешнюю Россию. И. В. 1882, 12. — *Федосеевец.* Среди сектантов. С. 1881, 5. — *Фигнер В.* Из политической жизни 80-х годов. Р. Б. 1912, II. — *Философия* гр. Л. Н. Толстого. В. Е. 1886, 4. — *Фукс В.* Политика в школе. Р. В. 1882, II. — *Цебрикова М.* Наши недоразумения. Р. Б. 1889, 5, 6. — *Чуйко В.* Надсон и Гаршин. Наб. 1888, II. — *Шашков С.* Романтизм и реакция. Д. 1882, 3. — *Шелгунов Н.* Переходные характеры. Р. М. 1888, 3. — *Шелгунов Н.* Очерки русской жизни. (1885—1891). Спб. 1895. — *Шилов А.* Н. В. Шелгунов и его воспоминания. С. Н. В. Шелгунов. Воспоминания. М. 1923. — *Щербина.* Задачи русской общественной мысли. Р. М. 1881, 3. — *Эртель А.* Смена. Роман. Харьков, 1928.

VIII. ДЕВЯНОСТЫЕ ГОДЫ

Абрамов Я. Мистические явления. Кн. Н. 1895, 10. — *Абрамов Я.* По разным ведомствам. Н. 1898, 7. — *Альбов В.* Капиталистический процесс в изображении Мамина. М. Б. 1900, 1—2. — *Бельчиков Н.* А. П. Чехов и народничество. Рус. 1929, 5. — *Белый А.* На рубеже двух столетий. М. 1930. — *Бонч-Бруевич В.* Первые шаги. М. Гв. 1927, 12. — *Брюсов В.* Дневники. 1891—1910. М. 1927. — *В. В.* Критическое народничество. Р. Б. 1893, 4. — *В. В.* Очерки современных направлений. Нов. С. 1896, 6. — *Воден А.* На заре «легального марксизма». Л. М. 1927, 3. — *Вольпе Ц.* Литературные критики на переломе от народничества к марксизму. З. Н. О. М. 1928, 3 (II). — *Воропонов.* Кризис и «мужик». В. Е. 1897, 4. — *Г. В.* Фантазия и жизнь. Кн. Н. 1893, 3. — *Гнедич П.* Ноша мира сего. Роман. Спб. 1898. С. ст. Гридня. Русские искания. Н. 1898, 5. — *Головин К.* Мужик без прогресса или прогресс без мужика. Спб. 1896. — *Гольцев В.* Еще о народничестве. Р. М. 1893, 10. — *Гофштеттер И.* Поэзия вырождения. Спб. 1903. — *Евгеньев-Максимов В.* Из прошлого русской журналистики. Л. 1930, с. 85—128. — *Егоров А.* (Мартов Л.). Народничество прежде и теперь. Нов. С. 1897, ноябрь. — *Засодимский П.* Из воспоминаний. И. В. 1904, 9, II. — *Исаев А.* О себялюбии, как единственом двигателе общественной жизни. С. В. 1894, 4. — *Коган П.* Художественный театр. И. 1928, 251. С. еще его «Общественное значение МХТ» и Юрия Соболева «На заре Художественного театра». М. 1928. — *Коробчевский Д.* Слабость воли, как признак времени. М. Б. 1894, 3. — *Л. С.* Новые направления в печати и обществе. В. Е. 1895, 10. — *Ладыженский.* Наша корпоративная ученость и профессиональная гуманность конца века. Р. Б. 1901, 2. — *Левицкий В.* (Цедербаум В.). За четверть века. Революционные воспоминания. Т. I, ч. I. М. 1926. Т. I, ч. 2. М. 1927. — *Либералы* и консерваторы о задачах интеллигенции. Кн. Н. 1896, 3, с. 275—278. — *Львов В.* Писатель-интеллигент. О. 1904, 2. — *М. Н. В.* Сементковский о русском обществе. Р. Б. 1893, 6. — *Мануйлов А.* Капиталистическая идиллия. Р. Б. 1897, II. — *Меньшиков М.* Без воли и совести. Кн. Н. 1893, I. — *Меньшиков М.* Прогресс и предание. Кн. Н. 1896, I. — *Меньшиков М.* Смысл свободы. Кн. Н. 1896, 2. — *Мережковский Д.* О причинах упадка и о новых течениях современной русской литературы. Спб. 1893. — *Мессер Р.* О социальной природе поэзии В. Я. Брюсова. Н. Л. П. 1929, 19—21. — *Нежданов.* Нравственность. М. 1893. — *Николаев П.* Активный прогресс и экономический материализм. Спб. 1892. — *Николай—он.* Апология власти денег, как признак времени. Р. Б. 1895, I, 2. — *О «Великой лжи нашего времени».* В. Е. 1896, 10. — *Оболенский Л.* Наша молодежь в последних беллетристических произведениях. Кн. Н. 1893, 5. — *Оболенский Л.* Умственные шатания. (Полемика между В. Соловьевым и Л. Тихомировым). Кн. Н. 1893, 9. — *Оболенский Л.* Что такое новый роман Бобрыкина. («Перевал»). Р. М. 1894, 10; Р. Б. 1894, 9 (ст. М. Протопопова). — *Павлович М.* Ленин, как разрушитель народничества. П. З. М. 1923, 4—5. — *Рожков Н.* Русская история в сравнительно-историческом освещении. М. 1925, т. II, с. 293—391. — *Рубакин Н.* Общественность девяностых годов. С. его «Среди книг». Т. I, с. 241—244. М. 1911. — *Саликовский А.* Современное течение общественной жизни. Р. Б. 1890, II. — *Светлов.* Летописец нашего времени. «Нива». Литературные приложения. 1896, 9. — *Станюкович К.* Картинки общественных нравов. Р. М. 1896, 1, 2, 4, 8, 12. — *Струве П.* Ответ Ильину. Н. О.

1899, 8. — *Струнин* Д. Кумир 90-х гг. Р. Б. 1891, 10. — *Тальников* Д. «Гершен-зоновская Москва». К. Н. 1928, 4. — *Телешов* Н. Все проходит. М. 1927. — *Ти-хомиров* Л. Летопись печати. Р. О. 1892, 12. — *Тихомиров* Л. Что делать на-шей интеллигенции? Р. О. 1895, 10. По поводу этой ст. Р. М. 1895, II, с. 584—590 и Р.О. 1896, I, с. 464—466 («Что делать молодежи?»). — *Толстой* А. Ран-ний Горький. С. «Горький». Сб. статей и воспоминаний о М. Горьком. М. 1928. — *Ушаков* С. Несколько слов в защиту экономического материализма. Р. М. 1896, 9. — *Фаресов* А. Интеллигенция в деревне. Н. В.1895, 9. — *Фаресов* А. Смысл времени. Кн. Н. 1898, 5. — *Филиппов* М. Оригинальное примирение двух теорий. Н. О. 1889, 3. — *Филиппов* М. Полемические упражнения г. Нежданова. Н. О. 1889, 12. — *Филиппов* М. Современные русские экономисты. Н. О. 1899, 7—12. — *Филиппов* М. Суб'ективизм и народничество. Н. О. 1897, 12. — *Чернов* В. По по-воду новой книги об экономическом материализме. Р. Б. 1899, 9. — *Чернов* В. Эко-номический материализм и критическая философия. В. Ф. П., кн. 39. — *Чехов* А. Хмурые люди. Рассказы. Спб. 1890. — *Чехов и его среда*. Л. 1930. — *Чеховский сборник*. М. 1929. (С. ст. Б. И. Сыромятникова «А. П. Чехов и русская интел-лигенция». — *Энгельгардт* Н. Батищевские идеалы. Неделя. 1896, II. С. его ст. в «Письмах из деревни» А. Н. Энгельгардта. 3-е изд. — *Энгельгардт* Н. Лже-на-родничество. Н. 1896, II. См. ст. Г. Плеханова в ж. «Литература и искус-ство» 1930, 2. — *Эртель* А. Волховская барышня. Харьков, 1928.

IX. XX ВЕК. ДЕВЯТИСОТЫЕ ГОДЫ

Абрамович М. В Бутырках. К. Н. 1926, 4. — *Адоратский* В. Большевики в годы реакции. М. 1927. — *Андреев* Л. Губернатор. — Так было, так будет. — *Андреев* М. Апология современности. Р. Б. 1904, 4. — *Анисимов* А. Князь С. Н. Трубецкой и московское студенчество. В. Ф. П., кн. 81. — *Аничков* Е. Литературные образы и мнения. Спб. 1904. — *Апостолов* Н. Лев Толстой и рус-ское самодержавие. М. 1930. — *Бадаев* А. Большевики в Государственной думе. Л. 1929. — *Баженов* Н. Психиатрические беседы на литературные и обще-ственные темы. М. 1903. — *Басов-Верхоянцев* С. Из давних встреч. Азеф. Н.М. 1926, 8—10. — *Белоконский* И. Земское движение. М. 1914. С. еще ж. «Совре-менный мир» 1906, I (ст. С. Ан-ского). — *Белый* А. Символизм. Книга статей. М. 1910. — *Березина* А. Дневник девушки. (1897—1907 гг.). К. Н. 1928, 11, 12. — *Библиографический* указатель: «Модернисты, их предшественники и кри-тическая литература о них». Одесса, 1908. — *Блок* А. Записные книжки. Л. 1930. — *Блок* А. Мережковский. «Речь» 1909, 39. — *Блок* А. Россия и интел-лигенция. З. Р. 1909, 1. — *Бонч-Бруевич* В. Борьба за пролетарскую прессу 1905—1906 г. М.Гв. 1926, 5. — *Бонч-Бруевич* В. Газета «Новая Жизнь». Ок. 1928, 5. — *Бонч-Бруевич* В. Тайная поездка в Россию в 1905 году. Ок. 1928, 1, 2. — *Боровский* А. 1905 год, хроника событий, библиография. М. 1925. — *Брюсов* В. Далекие и близкие. М. 1912. — *Булгаков* С. Под знаменем уни-верситета. В. Ф. П., кн. 85. — *Виппер* Р. Символизм в человеческой мысли и творчестве. Р. М. 1905, 2. — *Волжанин* С. Чехов и интеллигенция. Р. Сл. 1904, 185. — *Волин* Б. Ленин о Толстом. Н. Л. П. 1928, 5. Статьи Ленина: Лев Толстой, как зеркало русской революции (1905), Л. Н. Толстой (1910), Л. Н. Толстой и современное рабочее движение (1910), Герои оговорочки (1910) и Л. Н. Толстой и его эпоха (1911). — *Воровский* А. За живой и мертвой во-дой. М. 1927. — *Гершуни* Г. Из недавнего прошлого. Л. 1928. — *Гопиус* Е. Философия Московской философско-математической школы и ее отношение к интеллектуальному философов XVIII века и экономическому материализму К. Маркса. В. Ф. П. кн. 79. — *Горький* М. Н. Г. Гарин-Михайловский. К. Н. 1927, 4. — *Горький* М. О писателях самоучках. Н. 1915. С. еще Н. Руба-кин. Читатели-писатели-самоучки. Р. М. 1898, 4. — *Григорович* Е. Зарницы. Наброски из революционного движения 1905—1907 гг. М. 1925. — *Дерман* Г. Библиография первой русской революции. М. 1930. — *Десницкий* В. Горь-кий нижегородских лет. С. «Горький». Сб. статей и воспоминаний о М. Горь-ком. М. 1928. — *Дрягин* К. Экспрессионизм в России. (Драматургия Леонида Андреева). Т. В. П. И. 1929, т. III, в. IV. — *Евгеньев-Максимов* В. Из прош-лого русской журналистики. Л. 1930, с. 131—254. — *Евдокимов* И. Колокола.

Роман. — *Елпаньевский С.* Воспоминания. За 50 лет. Л. 1929. — *Закржевский А.* Лермонтов и современность. Киев, 1915. — *Канатчиков С.* Из истории моего бытия. М. 1929. — *Кирпотин В.* Тактика Плеханова в революции 1905 года. П. З. М. 1928, 5. — *Козьмин Б. С. В.* Зубатов. и его корреспонденты. М. 1928. — *Кугель А.* Листья с дерева. Воспоминания. Л. 1926. — *Ленин В.* В хвосте у монархической буржуазии или во главе революционного пролетариата и крестьянства. — *Ленин. В.* Опыт классификации русских политических партий. Плеханов и Васильев. С. Сочинения, т. X. М. 1928. — *Литературный* распад. 2 тт. Спб. 1908—1909. — *Львов-Рогачевский В.* Русская литература и группа символистов. С. М. 1910, 9, 10. — *Малишевский Н.* Роль социал-демократии в русском освободительном движении. П. 1906. — *Машбиц-Веров.* Ал. Блок и первая революция. Зв. 1926, 3. — *Мейер А.* Религия и культура. П. 1909. — *Мельгунов С.* Штундисты или баптисты. Р. М. 1903, 11. — *Мережковский Д.* Пророк русской революции. Спб. 1906. — *Мережковский Д.* Страшный суд над русской интеллигенцией. С. его «Грядущий хам». Спб. 1906. — *Меч В.* Силы реакции. М. 1907. — *Мстиславский С.* На крови. Роман. М. 1928. — *П. Д.* Русская интеллигенция и крестьянство. М. 1904. См. «Послесловие». — *Пешехонов А.* На очередные темы. (О Блоке, Гиппиус и Минском). Р. Б. 1908, 11. — *Пешехонов А.* Новый поход против интеллигенции. Сборник «Вехи». Р. Б. 1909, 4, 5. — *Письма А.* Блока. Издание «Колос». Л. 1925. — *Письма Александра Блока к родным.* Л. 1927. — *Полетаев Н.* «Звезда». Ок. 1928, 5. — *Поссе В.* Мой жизненный путь. М. 1929. — *Провокатор:* Воспоминания и документы о разоблачении Азефа. Л. 1929. С. еще Б. Николаевский. Конец Азефа. Л. 1926. — *Путинцев Ф.* Сектантство и 1905 год. А. 1926, 2. — *Пяст В.* Встречи. М. 1929. — *Революционное юношество* 1905—1917 гг. Сб. 1. Л. 1924. — *Рожков Н.* Значение и судьбы новейшего идеализма в России. В. Ф. П., кн. 67; с. его Русская история в сравнительно-историческом освещении. Т. 11 и 12. М. 1928. — *Розанов В.* Когда начальство ушло... 1905—1906 гг. Спб. 1910. — *Розанов В.* Ослабнувший фетиш. Психологические основы русской революции. Спб. 1906. — *Романов В.* Роман. — *Рубакин Н.* Общественность девятисотых годов. С. его «Среди книг». Т. I, стр. 244—246. М. 1911. — *Русанов Н.* В эмиграции. М. 1929. — *Савинков Б.* Воспоминания террориста. Харьков, 1926. — *Савинкова С.* В годы старого режима. М. 1918. — *Сандомирский Г.* Товарищ Лида. Повесть (из жизни анархистов 1905—1907 гг.). Л. 1930. — *Сандомирский Г.* Толстовцы в дореволюционной эмиграции. И. 1928, 217. — *Свободов А.* Горький и студенческое движение 1901 года. К. С. 1927, 6 (35). — *Спиридович А.* Записки жандарма. Харьков, 1927. — *Старый журналист.* Литературный путь дореволюционного журналиста. К. Н. 1929, 8. — *Терешников О.* Проповедник конца. (Мережковский). Р. М. 1903, 3. — *Федин К.* Братья. Роман. М. 1928. — *Чернов В.* Модернизм в русской поэзии. В. Е. 1910, 11, 12. — *Чулков Г.* Годы странствий. М. 1930. — *Шайкевич М.* Некоторые уклонения в психологии освободительного движения. В. Ф. П., кн. 84. — *Щеглов Л.* Настроение современной личности. В. З. 1904, 9, 10. — *Эллис.* Русские символисты. М. 1910. — *Ярцев П.* Красные дни. II (ж). 1905, 11.

X. ДЕСЯТЫЕ ГОДЫ

Айхенвальд Ю. Похвала праздности. М. 1922. — *Александровский В.* Старый интеллигент. С. его «Шаги». Поэмы и стихи. М. 1924. — *Алексеев Н.* Большевики. Л. 1925. — *Алексеев С.* Гражданская война в Сибири и Северной области. М. 1927. (Из мемуаров белогвардейцев). — *Алексеев С.* Деникин — Юденич — Врангель. М. 1927. (Из мемуаров белогвардейцев). — *Алексеев С.* Начало гражданской войны. М. 1926. (Из мемуаров белогвардейцев). — *Алексеев С.* Революция и гражданская война в описании белогвардейцев. М. 1926. — *Андреев Л.* S. O. S. Спасите наши души, спасите! Берлин. — *Аркский Р.* Горький во время войны 1914 г. С. «Горький». Сб. статей и воспоминаний о М. Горьком. М. 1928. — *Бабенчиков М.* Ал. Блок и Россия. М. 1923. — *Бахметьев В.* Конец Ворошилова. С. его «Маленькие рассказы о большой жизни». М. 1924. — *Бахметьев В.* Преступление Мартына. Роман. М. 1928. (Исповедь интеллигента). — *Белый А.* Москва. Роман. М. 1926. — *Блок А.* Дневник. 1911—1913. Л. 1928. — *Блок А.* Русские денди. З. М. 1919, 1. — *Бонч-Бруевич В.* Конец буржуазной печати. Жур. 1927, 11. — *Бонч-Бруевич В.* Убийство германского посла Мирбаха и восстание левых эсеров. М. Гв. 1926, 12. — *Бонч-Бруевич В.* Что читал Владимир Ильич Ленин в 1919 г. Н. Л. П. 1926, 1, 2. — *Враун Я.* Самосуд. С. Ог. 1925, 1. — *Бубнов А.* Исторический смысл гражданской войны 1918—1921 гг. К. Н. 1928, 2. — *Бубнов А.* Основные моменты в развитии коммунистической партии в России. М. 1922. — *Будберг А.* Дневник белогвардейца. (Колчаковская эпопея). Л. 1929. — *Булгаков М.* Белая гвардия. Роман. Р. 1924, 4, 5. — *Булгаков М.* Дьяволиада. Рассказы. М. 1925. — *Булгаков С.* О даре свободы. Р. Св. 1917, 2. — *Буржуазия накануне* Февральской революции. М. 1927. — *Бьюенен Д.* Мемуары дипломата. М. 1924. — *Ветошкин М.* Союзники и белогвардейцы на Севере России. Н. М. 1928, 1. — *Ветров В.* Кедровый дух. «Перевал». 1924, 1. — *Вильямс А.* Народные массы в русской революции. (Очерки русской революции). М. 1924. — *Владимиров И.* Молодежь в гражданской войне. М. 1926. — *Владимирова Е.* Контрреволюция в 1917 г. (Корниловщина). М. 1924. — *Вольнов И.* Самара. (Из дневника). Ж. 1924, 1. — *Воронский А.* В тисках. С. его «На стыке». М. 1923. — *Герасименко Н.* Батько Махно. М. 1928. — *Гиппиус В.* Предчувствие. Мел. 1918, 2. — *Гладков Ф.* Бурелом. Пьеса. М. 1924. — *Гладков Ф.* Волки. С. его «Пучина». Повести и рассказы. М. 1923. — *Год русской революции* (1917—1918 гг.). Сб. статей. М. 1918. С. «Революция и социализм» А. Баха, «Итоги выборов во Всероссийское учредительное собрание» Н. В. Святицкого и др. — *Горбов Д.* У нас и за рубежом. М. 1928. — *Граве Б.* Буржуазия накануне февральской революции. М. 1927. — *Гроссман-Рощин И.* Александр Блок. Н. Л. П. 1928, 3. — *Гуковский А.* Литература о союзной интервенции в России в годы гражданской войны. И. М. 1927, 6. — *Гуковский А.* Французская интервенция на юге России 1918—1919 гг. М. 1928. — *Гуль Р.* Жизнь на фукса. М. 1927. — *Деникин А.* Поход и смерть генерала Корнилова. М. 1928. С. еще Роман Гуль. «Ледяной поход» и «Белые по Черному». — *Допрос Колчака.* Л. 1925. — *За год.* Сб. статей. П. 1919. — *За Родину.* Апрель — 1918 г. М. Тип. т-ва «Задруга». См. Г. Покровский. Советская власть. — *Замятин Е.* Мамай. С. его «Островитяне». М. 1929. (Из жизни петербургской интеллигенции в первые годы революции). Еще его «Дракон» (Д. Н. 1918), «Я боюсь» (Д. И. 1921, 1), «Послание Замутия епископа обезьяньского» (З. М. 1921, 2—3) и «Пещера» (З. М. 1922, 5). — *Жига И.* Великие дни. Ок. 1927, 11. — *Жижин И.* Сон и явь. С. его сб. «Мое». Иваново-Вознесенск, 1922. — *Иванов В.* Возвращение Будды. Повесть. С. альманах «Наши Дни». 1923, 3. — *Иванов Вячеслав.* Кручи. З. М. 1919, 1, 2. — *Иванов-Разумник.* Год революции. Статьи 1917 года. Спб. 1918. — *Игнатов Е.* Тактика большевиков и Учредительное собрание. П. Р. 1928, 4—5. — *Иорданский Н.* Плеханов и крестьянство. М. Гв. 1928, 5. — *Иоффе А.* Брест-Литовск. Н. М. 1927, 6. — *Калинин Н.* Русская Вандея. М. 1926. — *Камский.* Сибирское действо. П. 1922. (Из времен Омского правительства). — *Керенский А.* Дело Корнилова. М. 1918. — *Кин Д.* Деникинщина. Л. 1927. — *Кин Д.* Семнадцатый год в изображении т. А. Шляпникова. И. М. 1927, 3. — *Клюев Н.* Голос из народа. С. его «Песнослов», кн. 1. П. 1919. — *Книпович Е.* Александр Блок в его «Дневнике». П. и Р. 1929, 2. — *Коган П.* Александр Блок. Ч. П. 1928, 33. — *Коган П.* Короленко. Ч. П. 1928, 25. — *Колесникова Г.* «Лавровы». (Роман Мих. Слонимского). Н. Л. П. 1927, 4. — *Кольцов М.* Петлюровщина. П. 1921. — *Краснов П.* На внутреннем фронте. Л. 1927. — *Кремнев Б.* Достоевский и судьба России. С. «Огни». Литературный альманах. М. 1918. — *Крестьянское движение в 1917 году.* С предисловием Я. А. Яковлева. М. 1927. — *Крестьянское движение в 1917 г.* С. Аграрная революция, т. II. М. 1928. — *Крицман Л.* Героический период великой русской революции. М. 1924. (О т. н. военном коммунизме). — *Кубанин М.* К истории Октября в деревне. И. М. 1928, 7. — *Кубанин М.* Махновщина. Л. 1927. — *Крыленко Н.* За пять лет. 1918—1922. Обвинительные речи. М. 1923. — *Ленин В.* Выборы в Учредительное Собрание и диктатура пролетариата. С. Сочинения, т. XX. М. 1927. — *Леонов Л.* Конец мелкого человека.

Повесть. К. Н. 1924, 3. — *Лидин В.* Мышиные будни. П. 1923. — *Лидин В.* На путях. Повесть. С. сб. «Рол». 1923 (1924), 1. — *Ляховский П.* На службе капитала. Эс(е)ро-меньшевистская контр-революция. Л. 1928. — *Луначарский А.* Праведник. Общая характеристика. В. Г. Короленко. См. В. Г. Короленко. Избранные произведения. М. 1926. — *Лункевич В.* Большевизм и интеллигенция. См. сб. статей и. н. «Большевики у власти». М. 1919. — *Любош С.* Последние Романовы. Л. 1924. — *Ляшко Н.* Вечер срывающего афиши. С. его сб. «Железная тишина». М. 1922. — *Ляшко Н.* Льдинка на солнце. (Из записок старого знакомого). Т. 1919, 8—9. — *Ляшко Н.* Повести. М. 1924. С. «В разлом». «Стремена». — *Мартов Л.* История Российской социал-демократии. Спб. 1918. — *Мещеряков В.* Партия социалистов-революционеров. 2 чч. М. 1922. — *Милюков П.* Россия на переломе. Париж, 1927. — *Мстиславский С.* Пять дней. Начало и конец февральской революции. М. 1922. — *Мысль.* 1. П. «Т-во. Революционная Мысль». 1918. См. В. Чернов. Охлос и Демос. — *Мясников А.* Беспартийная конференция. М. 1919. — *Народ и Армия.* Сборник военно-политических статей. Выпуск первый. П. 1918. См. А. Р. Гоц. Демократия и оборона. — *Народовластие.* 1. Сборник статей членов Учредительного Собрания фракции социал-революционеров. М. 1918. См. В. В. Павлов. Правительство большевиков. — *Наш Голос.* Социал-демократический сборник. № 2. М. 1918. См. Львов-Рогачевский. Рабочая интеллигенция. — *Наш Голос.* Социал-демократический сборник. М. 1918. См. А. Финигендлер. «На всех парах к социализму». — *Неверов А.* Гуси-лебеди. Роман. М. 1924. — *Неверов А.* Пропавшая страна. Рассказы. М. 1924. С. «Без цветов». «Дети». «Учитель Стройкин». — *Неверов А.* Серые дни. Рассказы. Л. 1924. С. «Серые дни». «Страх от неизвестных причин». «Дело от безделья». «Шапка с пером». — *Неверов А.* Шкрабы. С. сб. «Рол». 1924, 3. — *Некрасов и мы.* В. Л. 1921, 9 (33). — *Никандров Н.* Диктатор Петр. Профессор Серебряков. С. альманах «Недра». 1923, 2; 1924, 3. — *Нусинов И.* Путь М. Булгакова. П. и Р. 1929, 4. — *Обзор* литературы по истории Октябрьской революции. М. Гв. 1927, 11. — *Октябрьская* революция перед судом американских сенаторов. Перевод В. Вельского. М. 1927. — *Октябрьский* переворот и диктатура пролетариата. М. 1919. — *Олар А.* Две революции. В. Р. 1923, 20. — *Орешин П.* Метель. Поэма. С. альманах «Недра». 1923, I. — *Орешин П.* Соломенная плаха. Стихи, т. II. М. 1925. С. «Соломенная плаха». — *Павлович М.* Ленин и эс-эры. П. З. М: 1923, 10. — *Павловский П.* Анненковщина. М. 1928. — *Падение* царского режима. Т. I—VII. Л. 1924—1927. — *Пажитнов К.* Эволюция русского марксизма. В. З. 1914, 1. — *Палеолог М.* Царская Россия накануне революции. М. 1923. — *Пильняк Б.* Голый год. М. 1923. — *Пильняк Б.* Мать сыра земля. С. альманах «Круг». 1925, 4. — *Пикель Р.* Новая пьеса Булгакова «Бег». Ис. 1929, 3. — *Платонов М.* Грядущая Россия. Д. И. 1921, 2. — *Плеханов Г.* О тезисах Ленина. Е. 1917. 9—11. — *Покровский М.* Большевики и фронт в октябре — ноябре 1917 года. К. Н. 1927, 11. — *Покровский М.* Буржуазная концепция пролетарской революции. И. М. 1927, 3. — *Покровский М.* Контр-революция за четыре года. М. 1922. — *Покровский М.* Октябрьская революция. М. 1929. — *Покровский М.* Октябрьская революция в изображениях современников. И. М. 1927, 5. — *Полякова М.* Достоевский в отражении современности. Л. и М. 1929, 6. — *Полянский В.* Бессмертная пошлость и похвала праздности. (Заметки о мистических экстазах Ю. Айхенвальда). П. З. М. 1922, 2. — *Последние дни* колчаковщины. М. 1926. — *Потресов А.* Интернационализм и космополитизм. Две линии демократической политики. П. 1916. — *Пругавин А.* «Старец» Григорий Распутин и его поклонницы. М. 1917. Был. 1917, 1. С. еще «Дневник» Влад. Пуришкевича. В. П. Киев, 1918. — *Пучков А.* Стройка. Р. Ж. 1925, 3. — *Рейснер М.* Война и демократия. П. 1917. — *Родзянко М.* Крушение империи. Л. 1927. — *Рожков Н.* Русская история в сравнительно-историческом освещении. Т. 12. М. 1928. — *Розловский Д.* Московская журналистика и журналисты в 1917—18 г. г. Сов. 1925, 1. — *Романов П.* Видение. Рассказ. К. Н. 1925, 5. — *Рубинштейн Н.* Вокруг Учредительного собрания. П. Р. 1929, 6. — *Рубинштейн Н.* К истории Учредительного собрания в России. И. М. 1928, 10. — *Рубин*, издававшийся в 1915—1916 гг. (8 №№) в Петрограде М. и Л. Рейснерами, их псевдонимы «Барон» и Л. Храповицкий. Содержание №№ приводит А. Блок в своем «Дневнике» (Л., 1928, т. 2, с. 226—227). Журнал боролся «против войны и социал-патриотизма». — *Румин В.* В. И. Ленин и его дело в переписке Мартова и Аксельрода. П. З. М. 1924, 2. — *Рябков Н.* Воспоминания о книжном складе «Правда». Ок. 1928, 5. — *Савельев М.* Ленин и Октябрь. К. Н. 1927, 11. —*Савинков Б.* Посмертные статьи и письма. М. 1926. — *Сапожников П.* Лавров и эсэры. Сов. 1922, 1. — *Святицкий Н.* К истории Всероссийского учредительного собрания. М. 1921. — *Святицкий Н.* Реакция и народовластие. М. 1920. — *Сейфулина Л.* В стране уходящего ислама. Л. 1925. — *Сейфулина Л.* Собрание сочинений. 3 тт. М. «Современные проблемы». 1925. С. «Перегной», «Путники», «Ноев ковчег», «Виринея». «В будний день», «Четыре главы». — *Семенов С.* Копейки. Повести и рассказы. Л. 1924. С. «По стальным путям». — *Серебрянский З.* От керенщины к пролетарской диктатуре. Очерки по истории 1917 года. М. 1928. — *Слезкин Ю.* Девушка с гор. Роман. М. 1925. — *Слонимский М.* Лавровы. Роман. Л. 1927. — *Соболь А.* Обломки. 3-я кн. рассказов. (1920—1923 гг.). М. 1923. С. «Салон-вагон». — *Старчаков А.* Брест. К. Н. 1928, 3. — *Стеклов Ю.* Партия с.-р. (правых эсэров). М. 1922. — *Тарасов-Родионов А.* Тяжелые шаги. Трилогия. Февраль. Роман-хроника. М. 1928.— *Тарасов-Родионов А.* Шоколад. М. 1925. — *Толстой А.* Голубые города. Повесть. М. 1925. К. Н. 1925, 4.— *Толстой А.* Сестры. Роман. М. 1928. (Первая часть трилогии «Хождение по мукам». — *Томсинский С.* Октябрь в белогвардейском освещении. Н. М. 1927, 5. — *Фридлянд Ц.* В. И. Ленин и война 1914—1918 гг. П. З. М. 1924, 2. — *Фридлянд Ц.* Французская печать об Октябре. Н. М. 1927, 5. — *Фурманов Д.* Чапаев . Мятеж. Пожар. М. 1926—1927. — *Хабалов С.* Описание дней революции. С. «Падение царского режима», т. I. Л. 1924. — *Чернов В.* Война и третья сила». П. 1917. — *Чернов В.* Ленин. Д. Н. 1917, 26. — *Четвериков Д.* Атава. Рассказы. Л. 1925. С. «Атава». — *Четвериков Д.* Волшебное кольцо. С. альманах «Красная Новь», 1925, 1. — *Шавеко Н.* Октябрьская революция и Учредительное Собрание. М. 1928. — *Швейцер В.* Россия в бегах. Тифлис. 1928. — *Шестаков А.* Блок с левыми эсэрами. Н. М. 1927, 6. — «*Шиповник*». Сборник литературы и искусства. № 1. Москва, 1922. — *Шишкевич М.* Исповедь интеллигента или неудачные приемы критики. О романе «Преступление Мартына». Ч. П. 1928, 28. — *Шульгин В.* Дни. П. 1926. — *Шульгин В.* 1920 год. П. 1926. — *Щеголев П.* Последний рейс Николая Романова. Н. М. 1927, 6, 7; с. еще П. Быков. Последние дни Романовых. М. 1930. — *Югов М.* К истории рабочего движения в 1917 г. И. М. 1927, 5. (По поводу сборника Центрархива «Рабочее движение в 1917 году». Предисловие Я. А. Яковлева. 1926). — *Яковлев А.* Октябрь. М. 1927. — *Яковлев А.* Повольники. Рассказы. М. 1923. С. «Повольники». — *Яковлев А.* Рок. С. сб. «Пересвет», 1922, 2.

XI. ДВАДЦАТЫЕ ГОДЫ

Авгур. СССР — угроза цивилизации. М. 1927. — *Авербах Л.* Беседа на литературные темы. И. 1929, 259. — *Авербах Л.* О двурушничестве. П (г). 1930, 300. — *Авербах Л.* Об одном из наиболее последовательных «теоретиков» оппозиции. М. Гв. 1926, 1. — *Авербах Л.* От либерализма к пораженчеству. Н. Л. П. 1928, П. — *Авербах Л.* Тревога больного писателя. См. М. Шагинян. Писатель болен? М. 1927. — *Авербах Л.* Что такое напостовство? Ок. 1927, 4. — *Азволинская Н.* Записки вузовки. Ок. 1929, 1. — *Андреев Л.* Дневник сатаны. Гельсингфорс, 1921. С. альманах «Костры». М. — *Астров В.* К текущему моменту. П (г). 1928, 151. С. ст. И. Сталина в № 152. — *Баммель Г.* К постановке проблем исторического материализма в реконструктивный период. П. З. М. 1929, 10. — *Банкротство* оппортунистов. Р. К. 1929, 21. — *Бах А.* Об интеллигенции. С. «Социализм и наука». Н. 1928, 95. — *Бах А.* Наука в эпоху социалистического строительства. М. Гв. 1927, 11. — *Бедный Д.* Ната. Повесть. М. 1930. — *Бельский А.* Русский эмигрант-фашист о Советском Союзе. (По поводу книги В. В. Шульгина «Три столицы»). Н. У. 1927, 7—8. — *Беспалов Г.* Троцкизм в комсомоле. Н. М. 1927, 12. — *Бирюлин П.* Кому они служат? Б. 1927, 22. — *Бобрищев-Пушкин А.* Патриоты без отечества. Л. 1925. — *Бобрышев И.* Антисемитизм среди молодежи. М. Гв. 1928, 2. — *Бобрышев И.* Мелкобуржуазное влияние среди молодежи. М. 1928. — *Бойчевский В.* Техническая интеллигенция на службе пролетариата. Ч. П. 1928, 46. — *Бондарев Д.* Толстой и современность. М. 1928. — *Бонеско А.* Ученый и большевик. И. 1928, 159. — *Борилин Б.* О нэпе, индустриализации и новых формах смычки. П. З. М. 1929, 9. — *Борьба* в Тимирязевской Академии. В. 1928, 4. — *Браз М.* Больные места «спецства». Н. М. 1928, 8. — *Браун Н.* Слово к интеллигенту. Зв. 1930, 3. — *Брик О.* Брюсов против Ленина. Н. Л. П. 1926, 5—6. — *Брудный М.* О правой и левой опасности. Б. 1928, 1. — *Бугайский Я.* Хулиганство, как социально-патологическое явление. М. 1927. — *Бунегин М.* Крестьянский актив и сельская интеллигенция. П. К. П. 1926, 2 (12). — *Буржуазные* тенденции в современной литературе. Доклады в Коммунистической академии. М. 1930. — *Буров Я.* О чем сигнализируют смоленское, рязанское, воронежское и другие дела. И. 1928, 147. — *Бухарин Н.* Заметки экономиста. П (г). 1928, 228. См. С. Бессонов. Накопление и резервы. Б. 1929, 20. — *Бухарин Н.* Злые заметки. М. 1927. («Статья т. Бухарина является исключительной важности общественным явлением»). — *Бухарин Н.* Какой должна быть молодежь? М. Гв. 1926, 2. — *Бухарин Н.* Политическое завещание Ленина. М. 1929. — *Бухарин Н.* Реконструктивный период и борьба с религией. Р. К. 1929, 12 — *Бухарин Н.* Технико-экономическая революция, рабочий класс и инженерство. П. (г). 1929, 295. — *Бухарцев Д.* «Большевизм в тушке». П (г). 1930, 299. — *Бухарцев Д.* О пессимистической «луне» и пессимизме вообще. М. Бол. 1927, 9—10. — *Быстрянский.* К характеристике правого уклона. Л. 1928. — *Бюллетень* Варнитсо. № 2. Стенографический отчет I всесоюзной конференции Варнитсо (23—26 апреля 1928 г.). М. 1928. — *ВКП(б)* в борьбе с уклонами. С. «Всесоюзная коммунистическая партия (б)». Каталог книг. М. 1928, с. 41—66. — *Вайсберг Р.* Экономическая мысль СССР в освещении «советской» буржуазии. В. К. А. 1928, 25. — *Варейкис П.* Орудие кулацко-капиталистических реставраторов. П (г). 1930, 305. — «*Варнитсо*» (задача органа — объединение левой интеллигенции с целью активного содействия социалистическому строительству СССР и борьба с правыми группами интеллигенции; в 1928 г. вышло 11 №№, издание продолжается). — *Варнитсовец.* Правая профессура за работой. В. 1930, 2. — *Васильченко С.* Не той стороною. Роман. М. 1928. — *Вешнев В.* Антисемитизм и художественная литература. Ч. П. 1928, 19. — *Вигалок А.* Больше внимания кадрам культурной революции. (Об учительстве). Р. К. 1928, 6. — *Возмутительное* отношение к сельскому учительству. И. 1928, 142, 149, с. 4. — *Воинова А.* Самоцветы. Роман из жизни интеллигенции. М. 1930. — *Волгин В.* Советская власть и научные работники за 10 лет. Н. Р. 1927, 11. — *Волин Б.* Вылазки классового врага в литературе. К. и Р. 1929, 18. — *Волин Б.* Двуликий Истрати. Л. Г. 1929, 2. — *Волин Б.* Клеветники. Н. П. 1923, 1. — *Волин Б.* Куприн — политик. Н. Л. П. 1926, 1. — *Волин Б.* Лев Толстой в оценке В. И. Ленина. М. 1928. — *Волин Б.* Недопустимые явления. Л. Г. 1929, 19. (По поводу писателей Булгакова, Замятина, Пильняка и Эренбурга). — *Волин Б.* Рождественская литбеседа «Соцвестника». («Социалистического вестника». Берлин). Н. Л. П. 1928, 2. — *Волин Б.* Эмигрантская и буржуазная печать по поводу «Красного дерева». Л. Г. 1929, 24. — *Вольфсон С.* Наука и борьба классов. В. 1930, 2. — *Вольфсон С.* Национальная проблема и научные работники. Н. Р. 1929, 7. — *Вопрос* о выборе пути. Л. Г. 1929, 37. — *Воронский А.* Об отошедшем. (По поводу самоубийства Есенина). К. Н. 1926, 1, 2. — *Воронский А.* Об ужасной крокодиле, о федерации писателей и фальшивых фразах. К. Н. 1927, 6. — *Вредители* в Академии Наук. И. 1929, 266. — *Выдра Р.* Немецкий интеллигент о «современной России». Р. К. 1928, 6. — *Вышинский А.* Первые итоги перевыборов профессуры. П. 1929, 147. — *Голиков В.* Зеркало пролетарской общественности. Б. 1927, 7—8. — *Горбачев Г.* Единый фронт буржуазной реакции. По поводу журнала «Русский современник». Зв. 1924, 6. — *Горбачев Г.* Октябрь в русской художественной литературе. З. Н. О. М. 1927, 8 (2). — *Горбачев Г.* Современная русская литература. Обзор литературно-идеологических течений современности. Л. 1929. — *Горбов Д.* 10 лет литературы за рубежом. П. и Р. 1927, 8. — *Горбов Д.* Дневник обнаженного сердца. (Андрей Соболь, покончивший самоубийством). К. Н. 1926, 8. — *Горбов Д.* Литература в наши дни. Л. Г. 1929, 35, 36. — *Го-*

рев М. Они наступают. И. 1928, 172, 173. (О сектантах). — Горев М. «Типичная картина» антирелигиозной работы в профсоюзах. И. 1929, 139. — Горелов А. Философия конструктивизма. Зв. 1929, 8. — Горин П. Классовая борьба в СССР и современная историческая наука. И. 1930, 23. — Горький М. Если враг не сдается, — его истребляют. И. 1930, 314. — Горький М. Еще о механических гражданах. И. 1928, 275. — Горький М. «Механическим гражданам» СССР. И. 1928, 234. — Горький М. О наших достижениях. И. 1928, 151. («Самокритика необходима, но не до истерики, не до показного тона интеллигенции 70-х годов прошлого столетия»). — Горький М. О пионерах. И. 1929, 189. — Горький М. О противоречиях. П (г). 1929, 55. — Горький М. О разных разностях. И. 1928, 301. — Горький М. О трате энергии. И. 1929 213. (По поводу Б. Пильняка). — Горький М. Об умниках. И. 1930, 286. — Горький М. Ответ. И. 1929, 292, 293. — Грабарь Л. Записки примазавшегося. М. 1928. — Гроссман-Рощин И. Стабилизация интеллигентских душ и проблемы литературы. Ок. 1925, 7. — Гроссман-Рощин И. Эпоха и люди. М. Гв. 1926, 9. — Гуревич В. Проблемы власти в новой России. В.Р. 1922, 3. — Гус М. О смешном — о левом Шкловском. Н.Л.П. 1928, 1. — Гусев С. Какова же наша молодежь? М. Гв. 1927, 6. — Гусев С. Пределы критики. И. 1927, 100. — Дело контрреволюционного «Союза освобождения Украины». И. 1930, 57—60. — Державин Н. Ученые и советская общественность. Н.Р. 1927, 12. — Дивильковский А. Болезни быта молодежи. Н.М. 1926, 11. — Дивильковский А. Самочувствие эмиграции. П. и Р. 1926, 8. — Дорошев И. За четкую классовую линию на фронте культуры. И. 1928, 257. — Дроздов И. Марксизм и интеллигенция. Н.У. 1926, 3. — Дубровский М. и Липкин А. О самоубийствах. Р.К. 1929, 5. — Дубровский С. Лицо кулацкой контрреволюции. И. 1930, 308. — Е. Л. Эмигрантская пресса. Кр. П. 1927, 5—6. — Емельянов И. На этом берегу. М. 1928. — Епанечников Д. От «заявления 46» за пределы партии. Б. 1927, 21. — Ермаков И. Интеллигенция в зеркале П. Романова (роман «Товарищ Кисляков», с. сб. « Недра», кн. 18). Л. Г. 1930, 43. — Ермилов В. Буржуазная и попутническая литература. С. «Ежегодник литературы и искусства на 1929 год». М. 1929. — Ермилов В. В поисках гармонического человека. М. Гв. 1927, 11. — Ермилов В. Долой толстовщину! Н.Л.П. 1928, 18. — Ермилов В. Классовая борьба в литературе и задачи советской общественности. Ок. 1929, 1. — Ермилов В. Партийные обыватели. М. Гв. 1926, 10. — Ермилов В. Против мещанства и упадочничества. М. 1927. — Ефремин А. Судьбы обывательской интеллигенции. И. 1927, 88. — Загорский Н. Классовая борьба в сибирских вузах. Снбкрайиздат. 1929. — Задачи партии в вопросах искусства и литературы. И. 1928, 265. — Зайдель А. Ликвидация кулачества, как класса, и научные работники. И. 1930, 94. — Зайцев А. Об Устрялове, «неонэпе» и жертвах устряловщины. М. 1928. — Залкинд А. Общественность и нравы. М. Гв. 1928, 5. — Залкинд А. Половой вопрос в условиях советской общественности. Л. 1926. — Зарубежная Россия в 1921—1926 гг. Б. 1927, 23, с. 180—186. — Заславский Д. Коротенькие люди. К. и Р. 1929, 2. — Заславский Д. Лихолетие старой науки (о «щебелевщине»). Р.К. 1929, 23—24. — Заславский Д. Лицо антисемита. Р.К. 1929. — Затонский В. На фронтах национальной культуры, или правая, левая где сторона. И. 1929, 260. — «Защита интеллигенции». П. и Р. 1929, 11, с. 94—95. — Збарский Б. О трех группах в среде советской интеллигенции. С.Н. 1928, 95. — Зелинский К. Писатель сопролетарский или попутчик. Ч.П. 1928, 49, 50. — Зозуля Е. Прохожие. И. 1929, 143. — Зонин А. Критика. С. «Ежегодник литературы и искусства на 1929 год». М. 1929. — Зонин А. О старых лозунгах и новых задачах. Ок. 1927, 11. — Зыков А. Пресса и общественность. И. 1928, 168. — Иванов С. Нужно ли бить в набат? Б. 1927, 2. — Ильин О. К вопросу об Академии Наук СССР и выборах новых академиков. И. 1928, 169. — Ильинский И. Государственные и общественные формы советской демократии. С.С. 1928, 7. — Ильинский И. Общественность и болезни быта. М. Гв. 1928, 5. С. ответ Т. Сапронова. — Ингулов С. Внутрипартийная демократия и печать. Кр. П. 1926, 14. — Инженерная общественность на переломе. Э. Ж. 1928, 224, 225. — Интеллигенция и культурная революция. Н.Л.П. 1927, 5—6. — Иоэльсон М.

Монополистический капитализм или «организованный» капитализм. Б. 1929, 18. — *Исбах А.* Лицо классового врага в деревне по «Брускам» Ф. Панферова. Н. Л. П. 1928, 18. — *Итоги* ноябрьского пленума ЦК ВКП(б). (10—17 ноября 1929 г.). Л. 1929, с. 164—175. См. Б. 1929, 22, с. 3—9. — *К вопросу о специалистах.* И. 1928, 228. — *К новой платформе.* Соц. 1924, 12—13. — *К. О.* Уроки поярковского дела Н. Р. 1929, 12. — *Каганович Л.* Проблемы кадров. Б. 1929, 23. — *Каган-Шабшай.* Заметки о технической смене. Р. К. 1929, 1. — *Казарин А.* К вопросу о теории организованной бесхозяйственности. М. Гв. 1929, 23. — *Казимирский К.* О чем они пророчили. (Историческая справка о нэпе и идеологах русской буржуазии). Б. 1929, 2. — *Калинин М.* Что делает советская власть для осуществления демократии. Н. М. 1926, 10. — *Камегулов А.* О задачах советской писательской общественности. Зв. 1929, 10. — *Канатчиков С.* О судьбах попутничества. К. Н. 1929, 11. — *Карев Н.* О группе «Рабочая Правда». Б. 1924, 7—8. — *Каржинский Н.* Зарубежная Россия. Н. М. 1926, 8—9. — *Катаев В.* Отец. Повесть. М. 1928. — *Катаньян В.* «Вузовская география». М. Гв. 1929, 22. — *Катанян Р.* Кулацкий актив. И. 1929, 77. — *Катанян Р.* Осколки дворянства. И. 1929, 111. — *Кержнцев П.* Художественная литература и классовая борьба. Ч. П. 1928, 48, 49 («Пролетарские писатели и «попутчики»). — *Клеветнические* выступления. И. 1928, 271, 272. — *Клибанов А.* Классовое лицо современного сектантства. Л. 1928. — *Колесников Л.* Молодой сорняк. М. Гв. 1928, 4. — *Коллонтай А.* Рабочая оппозиция. М. 1921. — *Коломойцев П.* Крестьянство и революция. М. 1926. — *Кольман Э.* Об обострении идеологической борьбы в области науки и о проблеме создания новых научных кадров. К. Р. 1929, 1. — *Кольцов М.* Соломон Львович и Василий Витальевич. Л. Г. 1929, 1. (Два мнения об антисемитизме). — *Кондратьевщина.* Сб. докладов В. Милютина и др. М. 1930 г. — *Конференция* «Варнитсо». — Первая всесоюзная конференция «Варнитсо». — Итоги конференции «Варнитсо» (Всесоюзной ассоциации работников науки и техники для содействия социалистическому строительству). И. 1928, 95, 97, 98. — *Костров Т.* Культура и мещанство. Р. К. 1927, 3—4. С. здесь же, как дополнение, ст. Як. Ильина «Романтика будней». — *Кошевич Е.* По поводу «верхних этажей» быта. Р. К. 1928, 14. С. ответ: А. Курелла. Лицо культурного консерватизма. — *Кретов Ф.* Социально-классовый смысл и коренные задачи рабоче-крестьянского союза. И. 1928, 171, 173. — *Кржижановский Д.* Задачи социалистического строительства и научные работники. Н. Р. 1928, 5—6. — *Кривошеина Е.* Итоги всесоюзной конференции историков-марксистов. И. 1929, 9. — *Кривцов С.* О Толстом. Кр. П. 1928, 9—10. — *Кривцов С.* «Друзья народа» и современность. П. З. М. 1924, 2. — *Крупская Н.* Воспоминания. М. 1926. — *Крупская Н.* О борьбе с сектантством. И. 1929, 66. С. здесь же: Сколько их? «Авиация духа». — *Крыленко Н.* Классовая борьба путем вредительства. И. 1930, 43, 44. Есть отд. изд. 1930. Л. — *Кузьмин В.* Культурничество и политика. М. Гв. 1927, 3. — *Кузнецов В.* Заметки о культурной революции и интеллигенции. С. Ог. 1929, 1. — *Кушнер Б.* О специалистах. Р. К. 1929, 1. — *Лавренев Б.* Гравюра на дереве. Повесть. Зв. 1928, 8. Есть отд. изд. 1929. Харьков. — *Лапиров-Скобло М.* Революция культурная и революция техническая. Н. Р. 1928, 5—6. — *Ларин Ю.* Академики и политика. П (г). 1929, 20. — *Ларин Ю.* Боевое значение национального вопроса и антисемитизм. Б. 1927, 14. — *Ларин Ю.* Интеллигентский и буржуазный антисемитизм в СССР. Р. К. 1929, 18. — *Ларин Ю.* К вопросу об антисемитизме в СССР. Р. К. 1928, 15. — *Ларин Ю.* Рост крестьянской общественности и очередные вопросы деревни Х. У. 1925, 2. — *Ласс Д.* Современное студенчество. (Быт, половая жизнь). М. 1928. — *Левидов М.* Лицо вредителя. (К итогам шахтинского дела). М. Гв. 1928, 8. — *Левин Е.* Литературная деятельность эмиграции. Кр. П. 1927, 14—15. — *Левин Е.* Эмигрантская книга. Кр. П. 1927, 11. — *Лежнев А.* «Версты». (О парижском эмигрантском журнале). К. Н. 1926, 12. — *Лежнев И.* Капиталистический мир и СССР. И. 1929, 286. — *Лежнев И.* На «стыдную» тему. Р. 1924, 4. — *Лелевич Г.* Воинствующий идеализм на фронте литературоведения. В. К. А. 1927, 22. — *Лелевич Г.* Классовая борьба в литературе и воинствующий эклектизм. Б. 1926, 9—10. С. ст. Л. Авербаха в ж. «Октябрь» 1926,

3

12. — *Леонтьев А.* К вопросу об организованном капитализме. П. З. М. 1929, 9. С. еще В. К. А. 1929, 35 (Дискуссия об «организованном капитализме»). — *Либединский Ю.* Завтра. Высоты. Рождение героя. Собрание сочинений, т. I. М. 1927. — *Лидин В.* Отступник. Роман. М. 1928. — *Литвинов Н.* Оппозиция и меньшевизм. Б. 1927, 14. — *Лобода Н.* Научные работники и советская общественность. Н. Р. 1927, 2. — *Луначарский А.* Антирелигиозная борьба в школе. И. 1929, 69. — *Луначарский А.* Интеллигенция и ее место в социалистическом строительстве. Р. К. 1927, 1. — *Луначарский А.* Интеллигенция и социализм. В. 1930, 2. — *Луначарский А.* Интеллигенция и строительство социализма. П (г). 1928, № от 4 июня. (Примечательный документ). В связи с этим с. ст. П. Н. Сакулина. Н. Р. 1928, 5—6, с. 42—46. Ответ А. В. Луначарского на с. 23—25. — *Луначарский А.* Культурная работа в условиях революции. Ч. П. 1928, 1. (М. п., об интеллигенции и культуре). — *Луначарский А.* Культурная революция и наука. Н. Р. 1928, 4. — *Луначарский А.* Культурная революция и общественность. М. 1929. — *Луначарский А.* Культурный поход и просвещение. И. 1928, 234. — *Луначарский А.* Ленин и Раскольников о Толстом. К. Н. 1928, 9. Здесь же и ответ Ф. Раскольникова. — *Луначарский А.* Наши задачи в области художественной литературы. Л. Г. 1929, 28. — *Луначарский А.* «Неувязка» в Академии Наук. И. 1929, 29. — *Луначарский А.* О месте писателя в государстве. Жур. 1927, 4. — *Луначарский А.* О судьбе, насилии и свободе. Л. Г. 1929, 36. — *Луначарский А.* Ответ Ромену Роллану. В. И. Л. 1928, 3. — *Луначарский А.* Проблема культурной революции. Н. Р. 1928, 5—6. — *Луппол И.* К вопросу о теоретических корнях правого уклона. Б. 1929, 18. — *Луппол И.* Отношение советских ученых к ученым эмиграции. Н. Р. 1928, 12. — *Луппол И.* Проблема культурной революции и задачи научных работников. Н. Р. 1928, 5—6. — *Люди революции:* А. Вишневский. Герои нашего времени; Л. Иохвед. Записки современников; С. Липшиц. Классовый враг действует; В. Полетаев. О настоящих, невыдуманных. Р. К. 1929, 19. с. 55—83. — *Майзель М.* Новобуржуазная литература. Л. 1929. — *Малашкин С.* Сочинение Евлампия Завалишина о народном комиссаре и о нашем времени. М. 1928. — *Мамет Л.* Обществоведческая книга и техническая интеллигенция. Кр. П. 1928, 7. — *Мануильский Д.* Классы, государство, партия в период пролетарской диктатуры. М. 1928. — *Мариинский А.* Поповщина и сектантство. Н. М. 1928, 11. — *Марков П.* Интеллигенция в драматических произведениях. В. 1930, 2, 7. — *Мартов Л.* Наша платформа. Соц. 1922, 19. — *Марр Н.* Секция научных работников и советская общественность. Н. Р. 1927, 3. — *Матвеев Д.* За грань советской легальности. Б. 1927, 22. — *Мещеряков В.* Проблема сельской интеллигенции. Р. К. 1929, 23—24. — *Мещеряков В.* Черты кулацкого «агитпропа». Р. К. 1929, 3. — *Мини П.* В белой эмиграции. (По поводу книги «Белое дело» Гофмана). Б. 1927, 6. — *Милютин В.* О работе Академии Наук СССР. И. 1928, 89. — *Молотов В.* Доклад о работе ЦК ВКП (б) на 1 московской областной партийной конференции 14 сентября 1929 г. — *Моризэ А.* У Ленина и Троцкого. М. 1923. — *Невский В.* Реставрация идеализма и борьба с «новой» буржуазией. П. З. М. 1922, 7—8. — *Немилов А.* Борьба с правой профессурой. В. 1930, 1. — *Нефедов И.* Пролетарская литература растет. Ч. П. 1928, 44. — *Никифоров Г.* У фонаря. Роман. М. 1928. — *Новицкий П.* О буржуазном влиянии на советскую художественную культуру. И. 1929, 219. — *О двурушничестве.* И. 1930, 301. — *О лозунге* самокритики. Б. 1928, 10. — *О классовом* приеме в школы. И. 1929, 199. — *О научной* общественности. В. 1928, 4. — *О первых итогах* проведения самокритики. И. 1928, 206. — *О самокритике.* С. доклады т. т. Сталина и Бухарина. И. 1928, 90, 91. — *О сельской* интеллигенции. И. 1929, 239. — *Об Академии Наук.* Р. К. 1929, 3. — *Об участии* проф. А. И. Анисимова в эмигрантском издании. И. 1928, 284. — *Обвинительный* акт по делу контрреволюционной организации — Промышленной партии. И. 1930, 310 и 312 (передовая «Поджигатели» и из речи М. Калинина «Некоторые особенности классовой борьбы в переходный период»). Обвинительное заключение «является документом величайшего исторического значения». — *Олеша Ю.* Зависть. Роман. М. 1928. — *Олещук Ф.* Зашевелились... Б. 1927, 9—10. — *Олещук Ф.* Интеллигенция на антирелигиозном фронте. К. Р. 1927, 7. — *Олещук Ф.* Новые вехи в борьбе

с религией. И. 1929. 140.— *Ольденбург С.* Задачи Секции научных работников в деле культурной революции. Н. Р. 1928, 5—6.— *Ольденбург С.* Культурная революция и задачи научных работников. М. 1929.— *Ольминский М.* Наше отношение к Л. Н. Толстому. Н. Л. П. 1928, 3.— *Ольховый Б.* Классовая борьба в литературе. И. 1929, 212.— *Ольховый Б.* О перегруппировке сил на литературном фронте. И. 1929, 240.— *Ольховый Б.* «Пуштторг» И. Сельвинского и его рецензент Д. Тальников. Р. К. 1929, 23—24.— «*Организованный капитализм».* Дискуссия в Комакадемии. М. 1930.— *Основы* декларации Всероссийского союза писателей. Л. Г. 1929, 36.— *Перевыборы* профессоров и преподавателей. И. 1929, 118.— *Перед* обновлением Академии Наук СССР. И. 1928, 168.— *Петровский П.* Ущерб революции или ее восходящая линия? Зв. 1926, 6.— *Песис Б.* Ответ Ромэн Роллана на белогвардейскую челобитную Бальмонта-Бунина. Р. К. 1928, 3—4.— *Писатель* и политика. Л. Г. 1929, 20. (По поводу повести Б. Пильняка).— *Письмо* проф. Тальгрена и достойный ответ советских ученых. И. 1929, 19.— *Подволоцкий П.* О советской демократии в деревне. С. С. 1926, сб. IV—V.— *Покровский М.* «Новые» течения в русской исторической литературе. И. М. 1928, 7.— *Покровский М.* Общественные науки в СССР за 10 лет. В. К. А. 1928, 26.— *Покровский М.* Противоречия г-на Милюкова. М. 1922.— *Полонский В.* Литературное движение революционной эпохи. П. и Р. 1927, 7.— *Полонский В.* О советском толстом журнале. И. 1927, 100.— *Полонский В.* Октябрь и художественная литература. И. 1928, 260.— *Полонский В.* Очерки литературного движения революционной эпохи. (1917—1927). М. 1928.— *Правдин Д.* Распад касты. И. 1930, 228.— *Пржиборовский Я.* Правая профессура и перевыборы. В. 1928, 4.— *Приговор* (по делу шахтинских контрреволюционеров). И. 1928, 155. С. передовую.— *Путинцев Ф.* Толстой, толстовство и сектантство. Р. К. 1929, 17.— *Р. М.* Безбожники, в наступление на церковников и сектантов! И. 1928, 299.— *Разумовский И.* Устряловщина в праве. Р. П. 1927, 2.— *Ранион* о выборах новых академиков. И. 1929, 28.— *Раскольников Ф.* Ленин о Толстом. См. П. М. Ташкаров. Ленин о Толстом. М. 1928.— *Рафаил М.* Ростки новой общественности. Р. К. 1928, 6.— *Рафаил М.* «Юровщина» и ее корни. Р. К. 1928, 12.— *Ревякин А.* Есенин и есенинщина. Н. Л. П. 1927, 1.— *Риттель З.* Знатный иностранец о России. Зв. 1926, 2.— *Розенталь К.* О новом этапе (доклад и прения). В. К. А. 1930, 37.— *Розенталь К.* Социалистическое строительство и «оптимизм» В. Базарова. И. 1928, 259.— *Розенталь С.* Комсомол и оппозиция. Кр. П. 1927, 22.— *Ройзман М.* Минус шесть. Роман. М. 1928.— *Роллан Р.* Советская Россия. (По поводу письма Бальмонта и Бунина). В. Н. Л. 1928, 3. С. *Ответ* Ромэну Роллану» А. Луначарского.— *Романова С.* Некоторые выводы из чистки в Академии Наук. И. 1929, 208.— *Руднев И.* Планы кулацких реставраторов. И. 1930, 258.— *Рудой Я.* Об антисоветских выступлениях буржуазных экономистов. Кр. П. 1928, 7.— *Рыклин Г.* Вандея в рясе. И. 1928, 89.— *Рыклин Г.* Константин Стойкий. И. 1928, 228.— *Рыклин Г.* Коршуны и микробы. И. 1929, 304.— *Рыков А.* Задачи инженерно-технических сил в период социалистической реконструкции. И. 1930, 50.— *Рыкова Н.* Мариэтта Шагинян. Н. Л. П. 1929, 21.— *Савич В.* Основы поведения человека. Л. 1927.— *Сакулин П.* Культурная революция и ее методы. Н. Р. 1928, 5—6.— *Салтыков А.* (Rus). Две России. Национально-психологические очерки. Мюнхен. 1922.— *Сапожников А.* О научных работниках коммунистах. Р. К. 1928, 6.— *Сарабьянов В.* Поведение безбожника. Р. К. 1929, 11.— *Саянов В.* Современные литературные группировки. Л. 1928.— *Свердлов В.* Научные работники и Варпитсо. Н. Р. 1929, 12.— *Сегалов Т.* По поводу статьи П. Ильинского. М. Гв. 1928, 5.— *Сегаль А.* Интеллигенция в реконструктивный период. Р. К. 1929, 23.— *Селивановский А.* Воинствующая реакция. Н. Л. П. 1929, 23.— *Селивановский А.* Господин Бод и советская литература. Л. Г. 1929, 20.— *Сельвинский И.* Пуштторг. Роман. К. Н. 1928, 5, 6. С. письмо Полуярова об интеллигенции. Есть отд. изд. 1929. М.— *Семашко Н.* Симптом опасной болезни. И. 1928, 284. (По поводу выступления ак. Жебелева).— *Семенов С.* Наталья Тарпова. Роман. Л.— *Сепп Е.* Нейтральная профессура. В. 1928, 4.— *Сепп Е.* Необходимо реорганизовать научные общества. В. 1928, 4.— *Скоморовский Р.* Интеллигенты. Роман. М. 1930.— *Скрипник Л.* Інтелігент. Роман. Харків. 1929.—

Славин И. Национал-демократизм и казенное благополучие. Р. К. 1929, 7. — *Славин И.* Национал-демократизм и правая опасность. Р. К. 1929, 2. — *Слепков А.* Как реагировала оппозиция на решения XV съезда. Б. 1928, 3—4. — *Слепков А.* Орудие победы. (К исторической роли чрезвычайных органов по борьбе с контрреволюцией). Б. 1928, 1. С. еще № 5, с. 95—96. — *Слепков В.* «Пижоны». М. Бол. 1927, 6. — *Смилга И.* За или против? И. 1930, 287. — *Смидович С.* О коренковщине. М. Гв. 1926, 7, 8, с. 128—131. — Советская общественность против пильняковщины. И. 1929, 214. — Советы и самокритика. И. 1928, 137. — *Сольц И.* «Мясниковщина» и троцкистская оппозиция. Кр. Н. 1927, 22. — *Сосновский Л.* О культуре и мещанстве. Л. 1927. — Социализм и классы в России. Соц. 1921, 6. — Социальный и национальный состав ВКП (б). М. 1928. — *Сталин И.* Вопросы ленинизма. М. 1930. — *Сталин И.* Год великого перелома. М. 1929. — *Сталин И.* О правом уклоне в ВКП (б). Б. 1929, 23. Есть отд. изд. 1930. М. — *Сталин И.* Об оппозиции. М. 1928. — *Сталин И.* Против опошления лозунга самокритики. И. 1928, 146. С. обращение ЦК ВКП (б) о самокритике под названием «Ко всем членам партии, ко всем рабочим». И. 1928, 128. — *Статьи* А. Маймина и К. Радека о научном вредительстве В. Громана, Н. Кондратьева и др. И. 1930, 271, 273 (передовая). — *Стецкий А.* Пятнадцатый съезд партии. К. Н. 1928, 1. — *Столяров А.* Культурное лицо «ученой» реакции. Р. К. 1927, 3—4. — *Стрельцов Г.* Борьба за линию партии и оппортунизм на практике. Б. 1929, 18. — *Стрельцов Г.* По ту сторону баррикады. К. Р. 1929, 2. — *Стрельцов Ю.* О троцкизме наших дней. И. 1929, 41. С. еще ст. т. Ярославского в «Большевике» 1928, 23—24; 1929, 2. — *Строгова Е.* Мещанин растет. К. П. 1928, 171. — *Струмилин С.* Индустриализации СССР и эпигоны народничества. М. 1927. — *Тайцлин И.* Научные кадры РСФСР. Н. С. 1929, 10. — *Тальников Д.* Проблема интеллигенции в революции. К. Н. 1928, 10, с. 235—244. — *Теляковский В.* Современное сектантство. Р. К. 1927, 3—4. — *Теодорович И.* К классовой характеристике творчества Горького. Б. 1928, 6. — *Теодорович И.* Историческое значение партии «Народной Воли». К. С. 1929, 8. В связи с этой ст. возникла дискуссия по вопросу о истоках большевизма: см. сб. Дискуссия о «Народной Воле». М. 1930, а также И. М. 1930, 15, с. 86—143 и П. Р. 1929, 1; 1930, 2, с. 29—61. — *Теодорович И.* Историческое значение партии Народной Воли. М. 1930, см. П. Р. 1930, 9, с. 157—168 и И. М. 1930, 15, ст. М. Покровского (74—85). — *Терещенко Н.* Конструктивный нигилист под маской американизированного романтизма. (О «Рваче» Эренбурга). Зв. 1926, 4. — *Терещенко Н.* Современный нигилист. Л. 1925. — *Тоболов К.* Против линии национальной демократии. Б. 1928, 1. С. еще № 6, с. 90—93. — *Троицкий А.* Деловое обсуждение или дискуссионная лихорадка. Б. 1927, 17. — *Троцкий Л.* Интеллигенция и революция. М. 1924. — *Трощенко Е.* Вузовская молодежь. М. Гв. 1927, 4. — *Тур.* Бывшие люди. (О существовании в Ленинграде масонской организации). И. 1929, 159. — *Удовлетворение* ходатайства Академии Наук. И. 1929, 30. — *Университетские* будни. Р. К. 1929, 7. — *Упадочное* настроение среди молодежи. Есенинщина. Доклад А. В. Луначарского. М. 1927. — *Фейгин В.* Диктатура партии или диктатура пролетариата? Б. 1927, 1. — *Фейгин В.* Смоленский сигнал. Б. 1928, 10. — *Фибих Д.* Угар. Роман. Харьков. 1927. — *Фигатнер Ю.* Проверка аппарата Академии Наук. М. 1930, 2. — *Флеровский И.* Октябрьская революция и новая экономическая политика. М. 1922. — *Фридлянд Ц.* Об одной «неувязке». (По поводу Академии Наук). И. 1929, 26. — *Фриче В.* Буржуазные тенденции в литературе. Ч. П. 1928, 50. — *Фриче В.* Маски классового врага. К. и Р. 1929, 3. — *Ханин Д.* Большевистское воспитание молодежи и оппозиция. М. Гв. 1926, 9. — *Цетлин Е.* Позорный блок. М. Бол. 1927, 18. — *Чарный М.* О газетных попутчиках и журнальных оппонентах. Жур. 1928, 11. — *Чаров А.* Черные гнезда контрреволюции на Украине. М. Гв. 1929, 23. — *Чего* ждет советская страна от инженерно-технического персонала. И. 1928, 209. — *Черепанин П.* Двурушничество. И. 1930, 291. — *Черняк И.* Политическое завещание Ленина в изображении тов. Бухарина. М. 1930. — *Шагинян М.* Писатель болен? М. 1927. Здесь же: ст. Л. Авербаха «Тревога больного писателя». — *Шацкин Л.* О «Новой России». М. Гв. 1926, 4; с. еще Б. 1926, 7, с. 119—123: «Интеллигентные мещанники». — *Шацкин Л.* Оппозиция в комсомоле. М. Гв. 1927, 12. — *Шейман М.* Реакция под флагом религии. М. Гв. 1929, 7—8. — *Шкловский В.* Третья фабрика. М. 1926. — *Шляпников А.* О демонстративной атаке и правой опасности в партии. Б. 1926, 17. — *Шохин А.* Десять лет борьбы за молодежь в стране пролетарской диктатуры. М. Гв. 1927, 11. — *Штейнбах.* Роль интеллигенции в советском строительстве. П. К. П. 1926, 2 (12). — *Шульман С.* Класс против класса. К. Р. 1927, 7. — *Эвентов Л.* Легенда об «организованном капитализме». Б. 1929, 21. — *Эволюция* классов в русской революции. Сб. статей В. Осинского, Ю. Ларина и А. Хрящевой. М. 1922. — *Экономическая* контрреволюция в Донбассе. Под ред. Н. В. Крыленко. М. 1928. — *Эльсберг Ж.* «Братья» К. Федина и настроения современной интеллигенции. Н. Л. П. 1928. 13—14. — *Эльсберг Ж.* Кризис попутчиков и настроения интеллигенции. Л. 1930. — *Эльсберг Ж.* Настроения современной интеллигенции в отражении художественной литературы. Н. Л. П. 1929, 2, 3. — *Эн.* Мы обвиняем. И. 1930. 315 и 316 («Так говорят лучшие представители научно-технической интеллигенции» — декларация Варнитсо). — *Эренбург И.* Рвач. Роман. Одесса, 1927. — *Янсон Я.* «Пушторг» И. Сельвинского в освещении Д. Тальникова. Ч. II. 1928, 50. — *Ярославский Е.* Еще о мистере Троцком. П (г). 1929, 66. — *Ярославский Е.* Как «отвечает» Троцкий и как рабочие отвечают Троцкому. Б. 1929, 9—10. — *Ярославский Е.* Мечты Чаяновых и советская действительность. П (г). 1930, 288. — *Ярославский Е.* Мистер Троцкий на службе буржуазии или первые шаги Л. Троцкого за границей. М. 1929. С. также «Правда» 1929, 56. — *Ярославский Е.* Развал троцкизма. Б. 1929, 18. — *Ярославский Е.* О двурушничестве вообще и двурушниках-троцкистах в частности. Б. 1929, 4. — *Ярославский Е.* О Л. Н. Толстом и «толстовцах». М. 1928. — *Ярославский Е.* Ответ тов. Ваганяну (как автору брошюры, которая «представляет собой во всех отношениях редкое явление в нашей литературе»). Б. 1926, 18. — *Ярославский Е.* У последней черты. Б. 1928, 23—24; 1929, 2. Есть отд. изд. п. н. «За последней чертой». М. 1930.